O MELHOR DE
Elis Regina

melodias e letras cifradas para guitarra, violão e teclados
Produzido por Luciano Alves

Nº Cat.: 277-A

Irmãos Vitale Editores Ltda.
vitale.com.br
Rua Raposo Tavares, 85 São Paulo SP
CEP: 04704-110 editora@vitale.com.br Tel.: 11 5081-9499

© Copyright 2000 by Irmãos Vitale Editores Ltda. - São Paulo - Rio de Janeiro - Brasil.
Todos os direitos autorais reservados para todos os países. *All rights reserved.*

Dados Internacionais de Catalogação na Publicação (CIP)
(Câmara Brasileira do Livro, SP, Brasil)

Regina, Elis

O Melhor de Elis Regina : melodias e letras cifradas para guitarra, violão e teclados /
Produzido por Luciano Alves. – São Paulo : Irmãos Vitale, 2000.

1. Guitarra – Música   2. Teclado – Música
3. Violão – Música   I. Alves, Luciano.   II. Título.

00 – 0709   ISBN 85-7407-088-2   CDD – 787.87
                   ISBN 978-85-7407-088-9   – 786

Índices para catálogo sistemático:

1. Guitarra: Melodias e cifras : Música.....................787.87
2. Teclado: Melodias e cifras : Música......................786
3. Violão: Melodias e cifras : Música.........................787.87

Créditos

PRODUÇÃO GERAL E EDITORAÇÃO DE PARTITURAS
Luciano Alves

TRANSCRIÇÕES DAS MÚSICAS
Flavio Mendes

REVISÃO MUSICAL
Claudio Hodnik

PROJETO GRÁFICO DAS PÁGINAS INICIAIS
Monika Mayer e Luciana Mello

CAPA
Ristow e Kupermann

FOTOGRAFIAS
Bloch Editores

REVISÃO DE TEXTO
Maria Elizabete Santos Peixoto

GERÊNCIA ARTÍSTICA
Luis Paulo Assunção

PRODUÇÃO EXECUTIVA
Fernando Vitale

Elis Regina

*Elis Regina com os filhos
João Marcelo, Pedro
e a caçula Maria Rita*

Elis Regina com 2 anos

Índice

Prefácio 06
Introdução 10

Músicas

Upa neguinho 13
Black is beautiful 16
Madalena 19
Casa de campo 22
Menino das laranjas 26
Canto de Ossanha 30
Vou deitar e rolar (Quaquaraquaqua) 33
Atrás da porta 37
Folhas secas 40
Na batucada da vida 43
De onde vens 46
Fascinação 49
O mestre sala dos mares 52
Alô! Alô! Marciano 57
Saudosa maloca 60
Águas de março 64
Me deixa em paz 70
Romaria 73
O bêbado e a equilibrista 76
Dois pra lá, dois pra cá 81
Me deixas louco (Me vuelves loco) 84
Como nossos pais 88
Lapinha 94
Você 98
O trem azul 100
Tiro ao álvaro 103
Corrida de jangada 106
Arrastão 110

*Elis Regina e os amigos
Nara Leão, Jorge Veiga e
Jair Rodrigues*

Prefácio

ELIS REGINA FOI A ÚNICA ARTISTA COM CUJO TALENTO EU NÃO ME ACOSTUMEI.

Essa frase me ocorreu nos bastidores do palco do Teatro da Praia, de onde eu assistia extasiado, como sempre, a apresentação da maior cantora do Brasil de todos os tempos. Produzi ou dirigi (quase sempre ao lado de Ronaldo Bôscoli que, depois, viveu com Elis um dos mais conturbados casamentos da música brasileira) muitos dos grandes nomes da música popular brasileira. E convivi com os demais. No entanto, ninguém como Elis me dava a sensação de uma recriação da música a cada nova apresentação.

Elogiar Elis, analisar Elis, tentar saber Elis? Tudo isso já foi feito ou, pelo menos, exaustivamente tentado. Ao receber o excelente trabalho realizado sobre as interpretações de Elis, sob a competente coordenação do músico Luciano Alves, prefiro relembrar as emoções que vivi, participando ou acompanhando de perto essa mulher extraordinária, de quem fui produtor, diretor, parceiro de palco, padrinho de casamento, mas principalmente fã. Mais do que fã, devoto.

Lembro bem das emoções da "Lapinha". Todos nós hospedados no Hotel Danúbio, em São Paulo; a vitória na Bienal do Samba, o violão mágico do Baden, o acompanhamento dos Originais do Samba. Mussum ainda era um

Elis Regina com Brito, Carlos Alberto, Pelé e Miele

dos sambistas do grupo, não havia se transformado em um dos "Trapalhões", sendo depois tão injustiçado. No "Canto de Ossanha", lembro-me do bilhete de Vinícius dando força à Pimentinha, apelido que ele inventou e que não podia ser mais preciso. Até hoje, "Elis nos olhos dos outros não arde".

Em "Black is beautiful", recordo a gravação do primeiro Especial da Globo. Com essa música, terminamos a gravação às 5 horas da manhã, todo mundo exausto depois de três dias ininterruptos de trabalho. Todos mortos de cansaço, não houve tempo para terminar a coreografia desse último número; o Juan Carlos Berardi, coreógrafo do programa, gritou para os bailarinos que já não tinham o que fazer: "joguem-se no chão e vão se arrastando até a Elis." Fizeram isso, a Elis vestida de palhaço foi se colocando entre eles e ganhamos todos os prêmios do ano na televisão: melhor musical, melhor programa, etc.

"Atrás da porta", em compensação, lembra o final da nossa parceria na TV, pois ali terminava o casamento de Elis e Ronaldo, e não esqueço que fui obrigado a recuar ao máximo a câmera, para não revelar ao público a expressão de Elis, o rito de dor, sofrimento e raiva, ela vivendo mais do que interpretando a canção maravilhosa de Francis e Chico: "dei pra maldizer o nosso lar... e te humilhar a qualquer preço, te adorando pelo avesso..."

Enfim, sei que vou me emocionar novamente ao procurar, no "Melhor de Elis Regina", cada Elis que conheci. Essa menina, essa mulher, essa senhora é uma das dez maiores cantoras do mundo, conforme nos informaram

Elis Regina (Pimentinha) com Antonio Carlos Jobim

nos Estados Unidos e na Europa. De seus últimos e magníficos trabalhos, como "Saudades do Brasil", só participei como fã, cumprindo o ritual de chegar ao final do espetáculo completamente nocauteado na poltrona e absolutamente em lágrimas.

Seu último show foi dirigido pelo extraordinário Fernando Faro que, não sei como, teve a premonição da trágica saída de cena de Elis, escrevendo o seguinte texto para o show: "...agora retiram de mim a cobertura de carne, escorrem todo o sangue, afinam os ossos em fios luminosos. E aí estou pelos salões, pelas cidades, pelos becos. Parecida comigo, um rascunho. Uma forma luminosa, feita de luz e sombra. Como uma estrela. Agora, eu sou uma estrela." Fernando Faro sabia. E vocês, ao chegarem ao final desta publicação, vão se lembrar por quê.

Luiz Carlos Miele

*César Camargo Mariano
e Elis Regina*

*Elis Regina e
Roberto Menescal*

*Elis Regina
ensaiando com Gilberto Gil*

*Elis Regina
no programa da
Hebe Camargo com
Ronaldo Bôscoli*

*Elis Regina e sua
grande amiga
Wanderléia
nos tempos da
Jovem Guarda*

Introdução

Esta publicação apresenta vinte e oito sucessos de Elis Regina, transcritos para a pauta musical, na forma em que tornaram-se conhecidos na sua interpretação.

Além das melodias cifradas, com as letras alinhadas embaixo, incluí, também, as letras cifradas com acordes para violão, o que torna a publicação mais abrangente, tanto quanto facilita consideravelmente a compreensão e a tarefa de "tirar" a música.

O registro das letras, melodias e cifras reflete com máxima precisão as gravações originais dos CDs. Em algumas músicas, porém, como "Upa neguinho", "Canto de Ossanha", "Águas de março", "Você", "De onde vens", "Casa de campo" e "Na batucada da vida", entre outras, a divisão rítmica da melodia foi escrita de forma simplificada, a fim de tornar a leitura mais acessível.

Para a notação musical, adotei os seguintes critérios:

A cifragem é descritiva, ou seja, exibe a raiz do acorde e suas dissonâncias.

Quando há um ritornelo e a melodia da volta é diferente da primeira vez, as figuras aparecem ligeiramente menores e com hastes para baixo. Neste caso, a segunda letra é alinhada com as notas para baixo, como demonstra o exemplo a seguir:

Se um instrumento solista avança por um compasso onde há voz, as melodias são escritas com hastes opostas, sem redução de tamanho.

As convenções de base mais marcantes estão anotadas na partitura, logo acima das cifras, com "x" e losango, correspondendo às figuras pretas e brancas, respectivamente.

Nas letras cifradas, as cifras dos acordes estão aplicadas nos locais exatos onde devem ser percutidas ou cambiadas, de acordo com a interpretação de Elis, como mostra o próximo exemplo. Esta forma é mais conveniente para aqueles que já conhecem a melodia ou para os que não lêem notas na pauta.

```
Em              B7 4(9)
Alô, alô marcia___no

           Em         B7 4(9)
Aqui quem fala é da ter___ra

  Em           B7 4(9)
Pra variar estamos em guerra

   Em              Db7(#9)            CM7
Você não imagina a loucu___ra do ser huma___no

              B7 4(9)        B7
Tá na maior fis___sura porque

  Em                     Bbm7
Tá cada vez mais down    no high society
```

Nos diagramas de acordes para violão, a ligadura corresponde à pestana; o "x", acima de uma corda, indica que a mesma não pode ser tocada; e o pequeno círculo refere-se à corda solta. Alguns diagramas possuem ligadura e "x". Neste caso, toca-se com pestana mas omite-se a corda com "x". As cordas a serem percutidas recebem bola preta ou pequeno círculo.

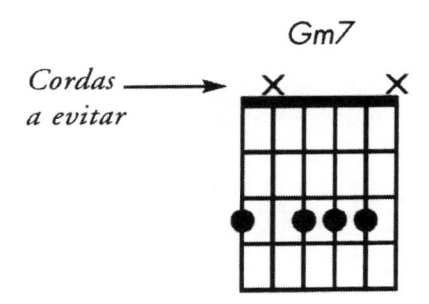

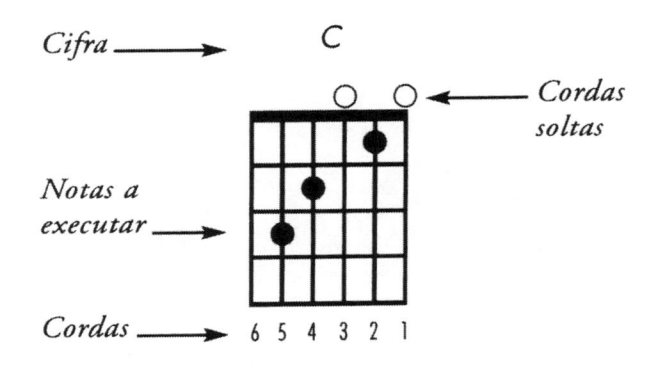

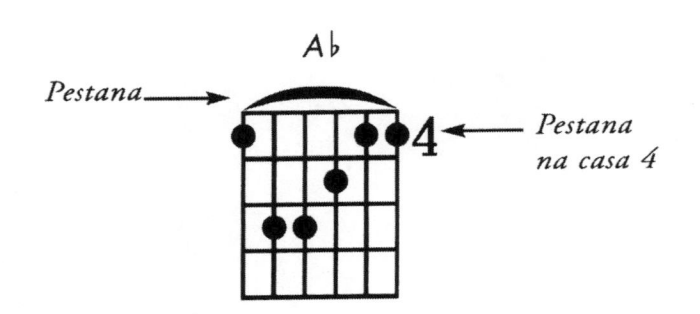

Optei, genericamente, pela utilização de posições de violão consideradas de fácil execução. No entanto, determinadas músicas que possuem baixos caminhantes ou sequências harmônicas de características marcantes exigem acordes um pouco mais complexos, o que estabelece, em contrapartida, maior fidelidade ao arranjo original da música.

Em alguns casos, músicas gravadas originalmente em tonalidades de difíceis leitura e execução para o músico iniciante, tais como D♭ e F♯, foram transpostas um semitom abaixo ou acima, para facilitar.

Luciano Alves

Milton Nascimento e Elis Regina

O MELHOR DE ELIS REGINA

*Elis Regina
com Caetano Veloso*

*Elis Regina
no encerramento do
Festival Internacional
da Canção de 1971*

Upa neguinho

EDU LOBO e
GIANFRANCESCO GUARNIERI

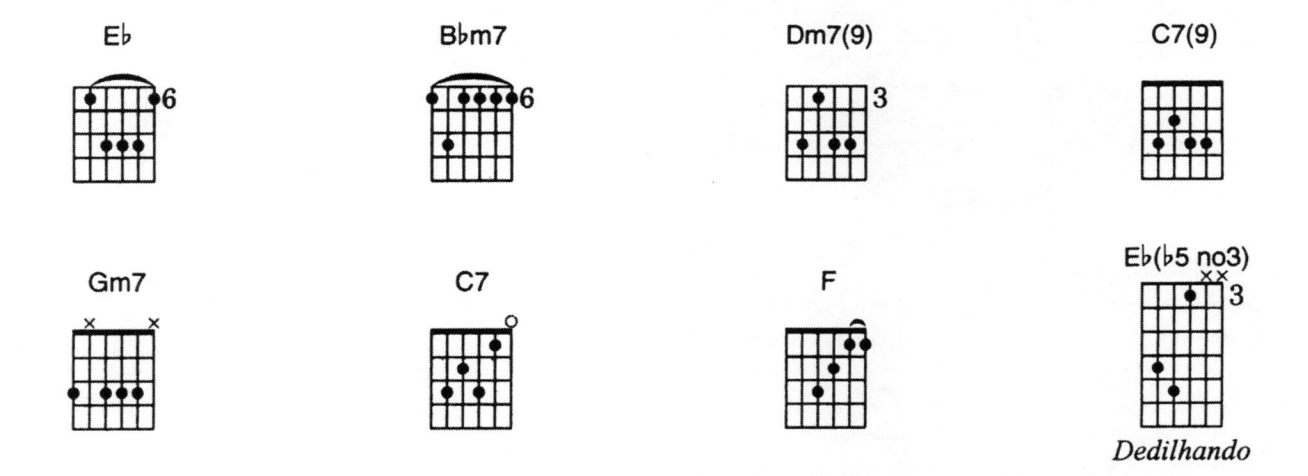

Chord diagrams: Eb (6), Bbm7 (6), Dm7(9) (3), C7(9), Gm7, C7, F, Eb(b5 no3) (3) *Dedilhando*

Introdução (guitarra, baixo e piano): **No Chord**

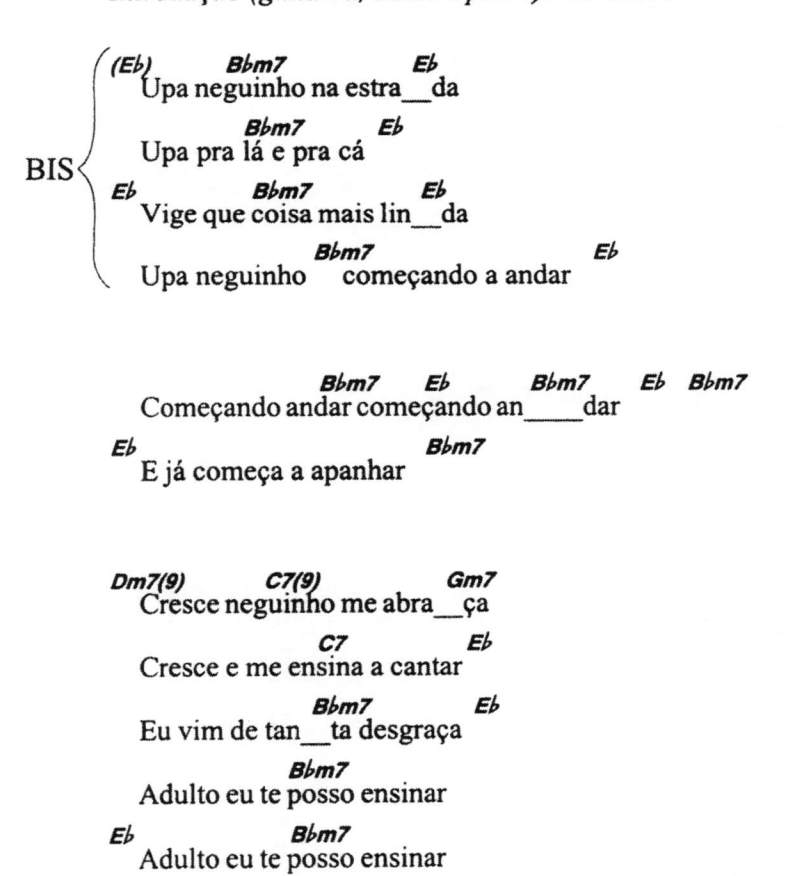

BIS
{
   (Eb)   Bbm7   Eb
   Upa neguinho na estra__da

   Bbm7   Eb
   Upa pra lá e pra cá

  Eb   Bbm7   Eb
  Vige que coisa mais lin__da

        Bbm7   Eb
  Upa neguinho começando a andar
}

      Bbm7 Eb Bbm7 Eb Bbm7
Começando andar começando an____dar

Eb   Bbm7
E já começa a apanhar

Dm7(9)   C7(9)   Gm7
Cresce neguinho me abra__ça

       C7   Eb
Cresce e me ensina a cantar

      Bbm7   Eb
Eu vim de tan__ta desgraça

    Bbm7
Adulto eu te posso ensinar

Eb   Bbm7
Adulto eu te posso ensinar

Eb   Bbm7
Capoeira posso ensinar

Eb   Bbm7
Ziquizira posso tirar

Eb   Bbm7
Valentia posso emprestar

Eb   F
Liberdade só posso esperar

Eb(b5 no3) *dedilhando*
Pa ta pa tri tri tri tri tri pa ta pa

Pa ta pa tri tri tri tri tri pa ta pa

Pa ta pa tri tri tri tri tri pa ta pa

Upa neguinho na estrada *(etc.)*

Eb(b5 no3) *dedilhando*
Pa ta pa tri tri tri tri tri pa ta pa

Pa ta pa tri tri tri tri tri pa ta pa

Pa ta pa tri tri tri tri tri pa ta pa

Upa neguinho

EDU LOBO e
GIANFRANCESCO GUARNIERI

♩ = 112

Guitarra e baixo (8vb) — *Piano* — *Bateria* — *Voz*

Lyrics:
U - pa ne - gui - nho na es - tra - da U - pa pra lá e pra cá Vi - ge que coi - sa mais lin - da U - pa ne - gui - nho co - me - çan - do a an - dar U - pa ne - Co - me - çan - do an - dar co - me - çan - do an - dar E já co - me - ça a pa - nhar

Chords: (E♭) B♭m7 E♭ B♭m7 E♭ B♭m7 E♭ B♭m7 E♭ E♭ B♭m7 E♭ B♭m7 E♭ B♭m7 E♭ N.C. B♭m7

© Copyright 1972 by IRMÃOS VITALE S/A Ind. e Com. - São Paulo - Brasil.
Todos os direitos autorais reservados para todos os países. *All rights reserved.*

Sheet music — lyrics:

31. Cres - ce ne - gui - nho me a bra - ça Cres - ce e me en - si - na a can - tar Eu vim de tan-

36. -ta des - gra - ça A - dul - to eu te pos - so en - si - nar A - dul - to eu te

40. pos - so en - si - nar Ca - po - ei - ra pos - so en - si - nar Zi - qui - zi - ra pos - so ti - rar

45. Va - len - ti - a pos - so em - pres - tar Li - ber - da - de só pos - so es - pe - rar

49. *riff da introdução* — Pa ta pa tri tri tri tri tri pa ta pa Pa ta pa tri tri tri tri tri pa ta pa

53. Pa ta pa tri tri tri tri tri pa ta pa

57. Pa ta pa tri tri tri tri tri pa ta pa Pa ta pa tri tri tri tri tri pa ta pa

61. Pa ta pa tri tri tri tri tri pa ta pa

Black is beautiful

MARCOS VALLE e
PAULO SÉRGIO VALLE

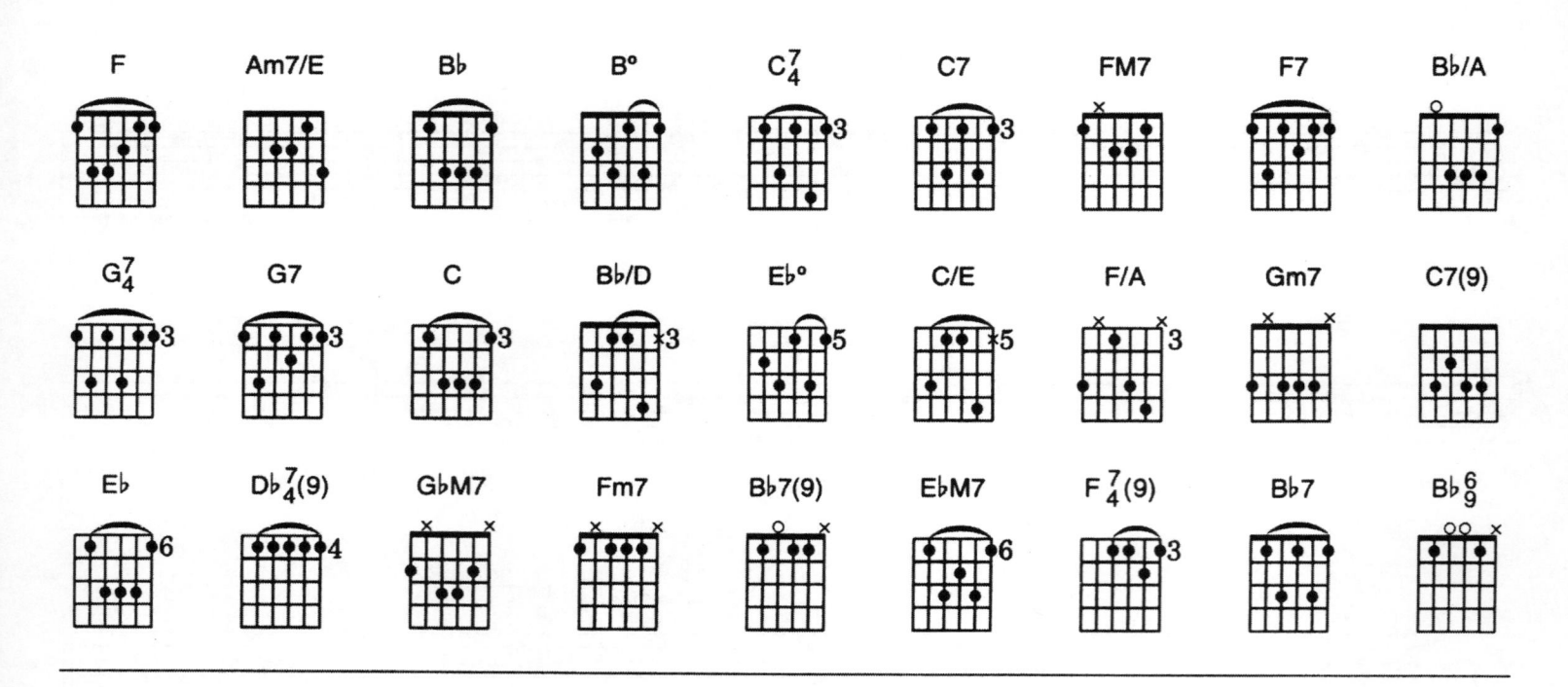

Introdução: **F Am7/E Bb B° C7 4 C7**

F
Hoje cedo
FM7
Na Rua do Ouvidor
F7   **Bb**
Quantos brancos horríveis eu vi
Bb/A   G7 4   G7   C   Bb/D Eb°
Eu quero um homem de cor
C/E   F   Bb   F/A Gm7 C7(9)
Um deus negro do Congo ou daqui

F
Hoje cedo
FM7
Na Rua do Ouvidor
F7   **Bb**
Quantos brancos horríveis eu vi
Bb/A   G7 4   G7   C   Bb/D Eb°
Eu quero um homem de cor
C/E   F   Bb   F   F7
Um deus negro do Congo ou daqui

Bb
Que se integre
B°   **C7 4   C7**
No meu sangue   europeu

BIS ⎧ **Eb   Bb**
⎪ Bla__ck is beautiful
⎪ **Db7 4(9)   GbM7**
⎪ Black is beau____tiful
⎨ **Fm7   Bb7(9)   EbM7**
⎪ Black beauty is so   peaceful
⎪   **Bb**
⎪ I wanna a black
⎪ **F7(4 9)   Bb**
⎩ A beautiful

F
Hoje à noite
FM7
Amante negro eu vou
F7   **Bb**
Enfeitar o meu corpo no teu
Bb/A   G7 4   G7   C   Bb/D Eb°
Eu quero esse homem de cor
C/E   F   Bb   F   F7
Um deus negro do Congo ou daqui

Que se integre *(etc.)*

Bb
I wanna a black
F7 4(9)   Bb6 9
I wanna a beautiful

♩ = 66

Instrumental

| F | Am7/E | B♭ | B° | C7/4 | C7 |

Voz

| F | FM7 | F7 |

Ho - je ce - do Na Ru - a do Ou - vi - dor Quan - tos bran - cos hor-
Só na volta ao S: Ho - je à noi - te A - man - te ne - gro eu vou En - fei - tar o meu

| B♭ | B♭/A | G7/4 | G7 | C | B♭/D | E♭° | C/E |

-rí - veis eu vi Eu que - ro um ho - mem de cor___ Um deus
cor - po no teu *Eu que - ro es - se ho - mem de cor___ Um deus*

| F | B♭ | F/A | Gm7 C7(9) | **1.** F | **2.** F7 |

ne - gro do Con - go ou da - qui___
ne - gro do Con - go ou da - qui___

| B♭ | B° | C7/4 | C7 |

Que se in - te - gre___ No meu san - gue___ eu - ro - peu___

| E♭ | B♭ | D♭7/4(9) |

Bla_____ck is beau__ - ti - ful Bla_____ck is beau__-

| G♭M7 | Fm7 | B♭7(9) | E♭M7 |

___ - ti - ful___ Black beau - ty is so___ pea - ce - ful I

© Copyright 1971 by WARNER CHAPPELL EDIÇÕES MUSICAIS LTDA.
Todos os direitos autorais reservados para todos os países. *All rights reserved.*

Bb F7/4(9) Bb Bb7 Eb Bb
wan - na a black A - beau - ti - ful Bla - ck is beau - ti - ful
Db7/4(9) GbM7 Fm7 Bb7(9)
Bla - ck is beau - ti - ful Black beau - ty is so
EbM7 Bb F7/4(9) Bb
pea - ce - ful I wan - na a black - I wan - na a beau - ti - ful
Ao 𝄋 e 𝄌
Bb Bb7 Eb Bb
-ti - ful Bla - ck is beau - ti - ful
Db7/4(9) GbM7 Fm7 Bb7(9)
Bla - ck is beau - ti - ful Black beau - ty is so
EbM7 Bb F7/4(9) Bb6/9
Ad libitum
-pea - ce - ful I wan - na a black I wan - na a beau - ti - ful
rall.

Madalena

IVAN LINS e
RONALDO MONTEIRO DE SOUZA

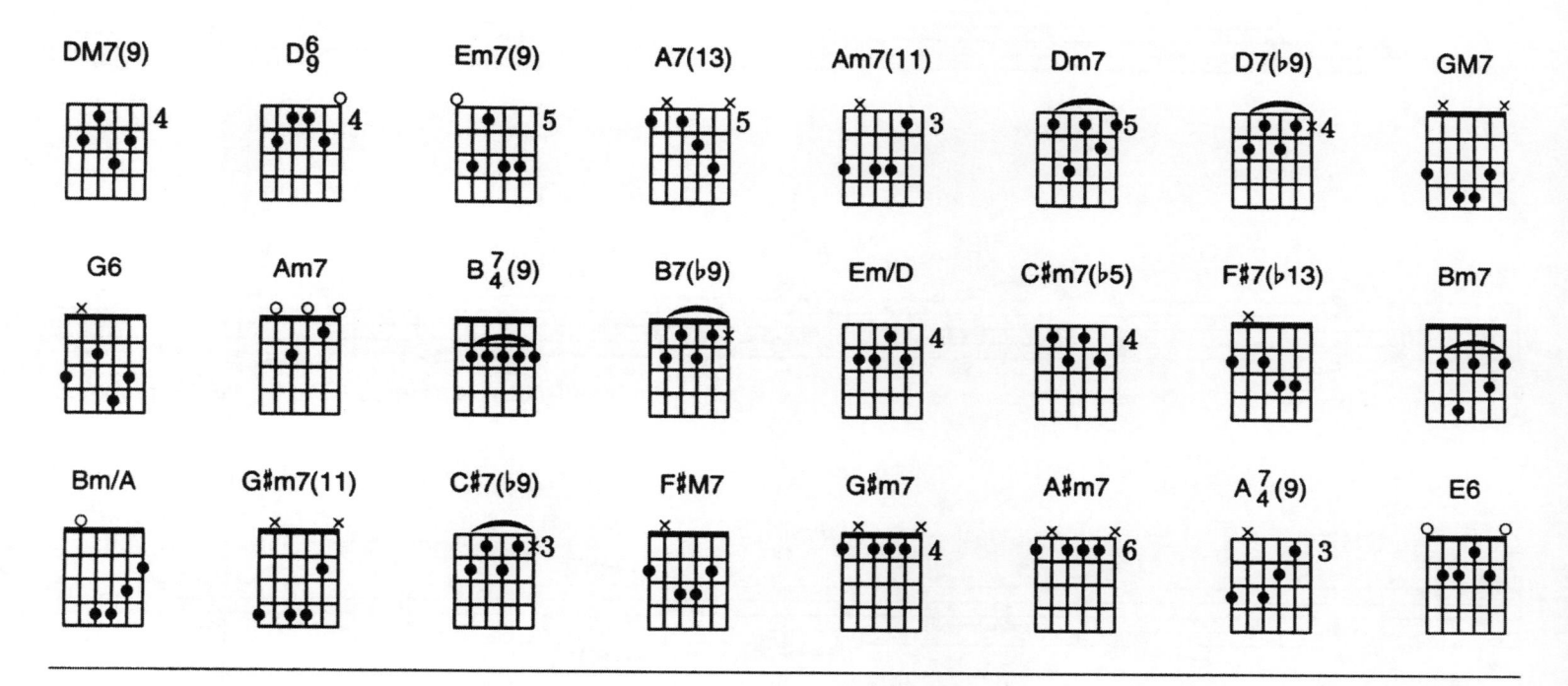

Introdução (2X): DM7(9) D6 9 Em7(9) A7(13)

     DM7(9)   D6 9
Ó Madalena
       Em7(9)   A7(13)   DM7(9) D6 9
O meu pei___to per___cebeu
      Em7(9)   A7(13)   DM7(9) D6 9
Que o mar   é uma   go___ta
     Em7(9)   A7(13)   Am7(11) Dm7 D7(♭9 13) D7(♭9)
Compa_____rado ao pranto meu

GM7   G6
Fique certa
        Am7   D7(♭9)   GM7 G6
Quando o nos___so amor   desper___ta
     Am7   D7(♭9)   GM7 G6
Logo o   sol se desespe___ra
     GM7   G6   B7 4(9)
E se es___conde lá na ser_____ra

  B7(♭9)   Em7(9)
Ê   Madalena
       Em/D   C#m7(♭5)
O que é meu   não se divi_____de
     F#7(♭13)   Bm7
Nem tão   pouco se admi___te
     Bm/A   G#m7(11) C#7(♭9)
Quem do   nosso amor duvi_____de

  F#M7
Até a lua
     G#m7   A#m7
Se ar_____risca num palpi_____te
                   A7 4(9)   E6
Que o nosso amor exis_____te forte ou fra__co
         A7 4(9)
Alegre ou tris_____te

  A7(13) DM7(9)
Ah! É Madalena
O meu peito percebeu *(etc.)*
               A7 4(9) A7(13)
...Alegre ou tris_____te

Improviso vocal (4X): DM7(9) D6 9 Em7(9) A7(13)

B7 4(9) B7(♭9)
    Ê Madalena
    O que é meu não se divide *(etc.)*

Improviso vocal: DM7(9) D6 9 Em7(9) A7(13)
Repete Ad libitum e Fade Out

Madalena

*Ivan Lins e
Ronaldo Monteiro de Souza*

♩ = 85

(Instrumental) DM7(9) D6/9 Em7(9) A7(13) DM7(9) D6/9 Em7(9) A7(13)

(Voz)
Ó Mada-

DM7(9) D6/9 Em7(9) A7(13) DM7(9) D6/9 Em7(9) A7(13)
-lena O meu pei - to per - ce-beu   Que o mar é u-ma go-

DM7(9) D6/9 Em7(9) A7(13) Am7(11) Dm7 D7(♭9/13) D7(♭9)
-ta Com-pa - ra do ao pran-to meu

GM7 G6 Am7 D7(♭9) GM7 G6 Am7 D7(♭9)
Fi-que cer-ta Quan-do o nos - so a-mor des-per - ta Lo-go o sol se de-ses-pe-

GM7 G6 GM7 G6 B7/4(9) B7(♭9)
-ra E se es - con-de lá na ser - ra Ê Mada-

𝄋 Em7(9) Em/D C#m7(♭5) F#7(♭13)
-lena O que é meu não se di - vi - de Nem tão pou-co se a d-mi-

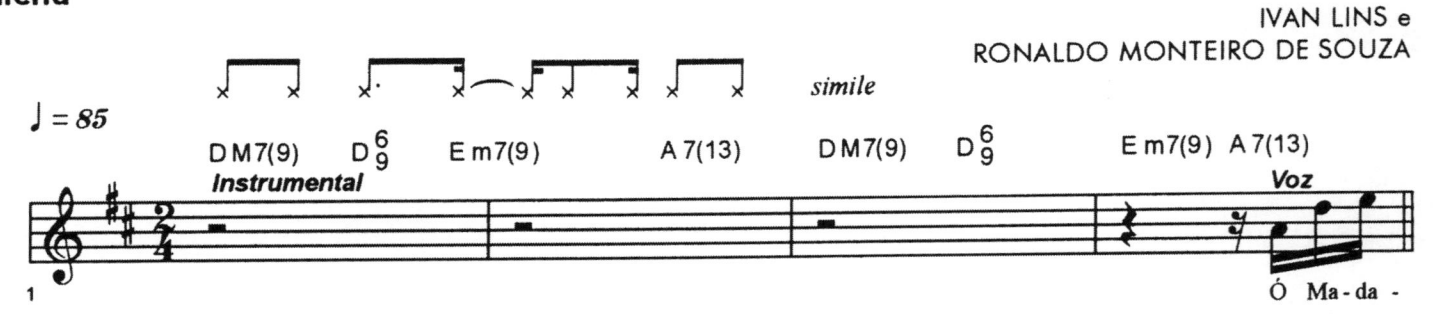

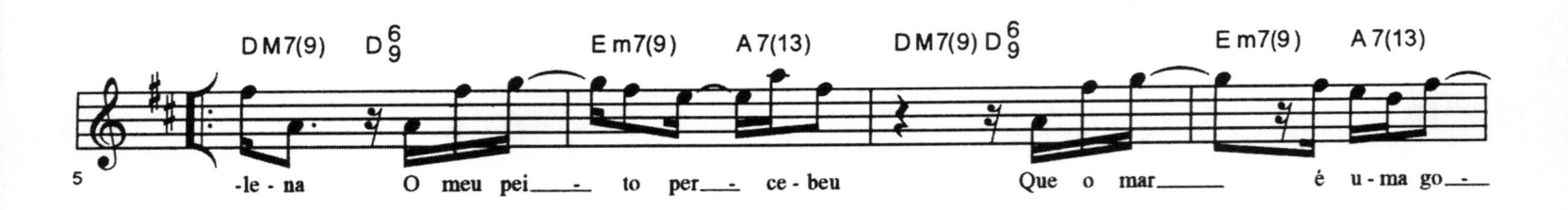

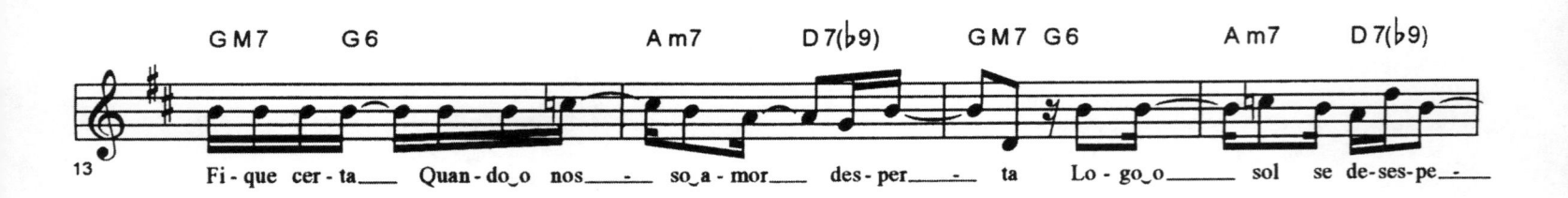

© Copyright 1970 by WARNER CHAPPELL EDIÇÕES MUSICAIS LTDA.
Todos os direitos autorais reservados para todos os países. *All rights reserved.*

B m7 B m/A G♯m7(11) C♯7(♭9)
25
—— -te Quem do—— nos - so‿a - mor du - vi—— de A - té a
F♯M7 G♯m7 A♯m7
29
lu - a Se ar—— - ris ca num pal - pi—— - te Que o—— nos - so‿a - mor e - xis - -
A7/4(9) E6 A7/4(9) A7(13)
1.
33
—— -te for—— - te‿ou fra—— - co A - le - gre‿ou tris—— te—— Ah! Ê Ma - da-
A7/4(9) A7(13) DM7(9) D6/9 Em7(9) A7(13)
2.
4X
Improviso vocal
37
—— -te——
DM7(9) D6/9 Em7(9) A7(13) B7/4(9) B7(♭9)
Voz
Ao 𝄋 e 𝄌
41
Ê—— Ma - da-
Rep. ad libitum
DM7(9) D6/9 Em7(9) A7(13) DM7(9) D6/9 Em7(9) A7(13)
Improviso vocal
45
Fade out

Casa de campo

ZÉ RODRIX e
TAVITO

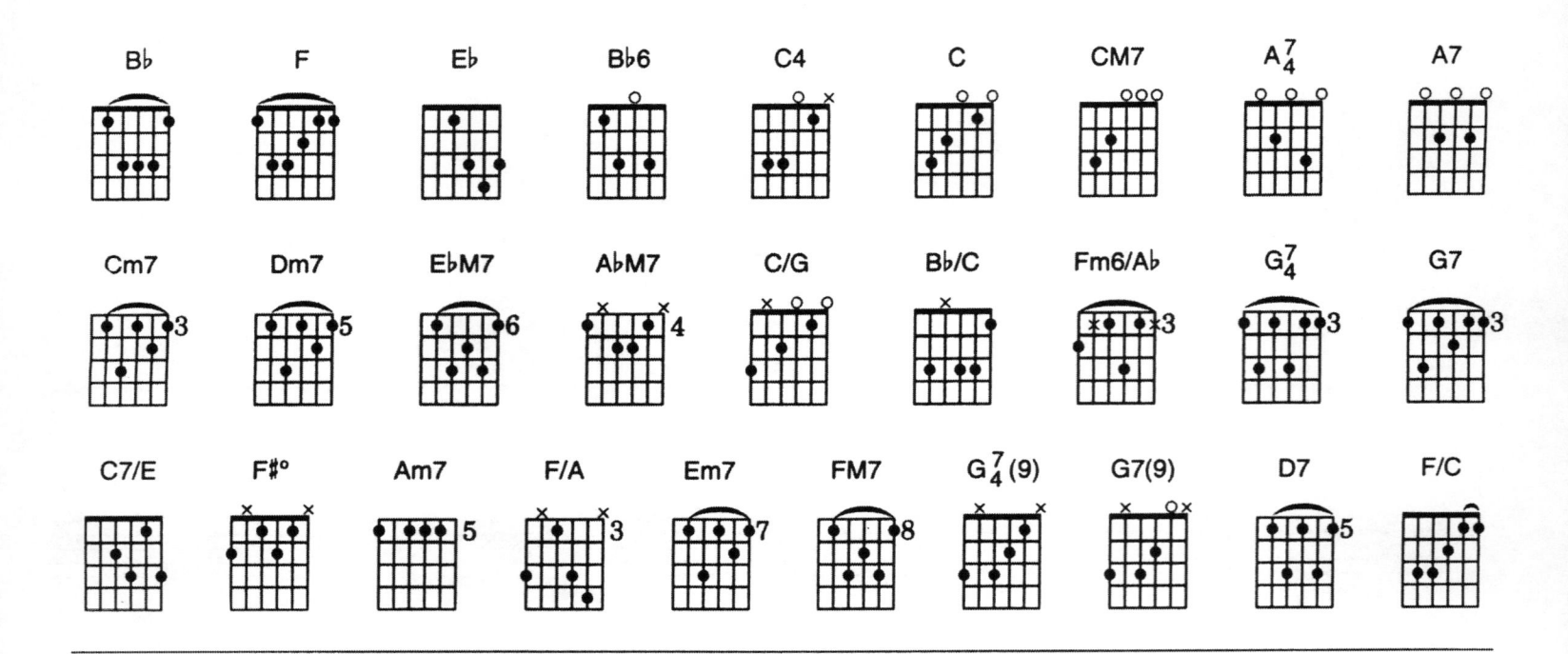

Introdução (3Xs): **Bb F Eb Bb F Bb6 C4 C**

```
C
   Eu quero uma casa no campo
CM7                    A7 4        A7
   Onde eu possa compor mui___tos rocks rurais
Bb           Cm7   Dm7
   E tenha somente a certe_za
EbM7          AbM7    C/G       Bb/C
   Dos amigos do pei___to e na__da mais

C
   Eu quero uma casa no campo
CM7                    A7 4     A7
   Onde eu possa ficar do tamanho da paz
Bb           Cm7   Dm7
   E tenha somente a certe_za
EbM7          AbM7      F
   Dos limites do cor___po e nada mais

Dm7
   Eu quero carneiros e cabras
     A7 4        A7
   Pas___tando sole__nes no meu jardim
Dm7  Fm6/Ab            G7 4           G7
   Eu quero o silêncio das lín___guas cansadas
```

```
C                C7/E
   Eu quero a esperan___ça de óculos
F                    F#º
   E meu filho de cu__ca legal
C/G              Am7            Bb
   Eu quero plantar    e colher com a mão
          F/A       G7 4     G7
   A pimenta e o sal

C
   Eu quero uma casa no campo
CM7                         A7 4        A7
   Do tamanho ideal pau a pi___que e sapê
Dm7        Em7        FM7       F#º
   Onde eu possa plantar    meus amigos
G7 4(9)            G7(9)
   Meus discos e livros
         C
   E nada mais
```

3Xs {

                          FM7 Em7 D7 G7 F/C C
3ª vez: E nada mais

♩ = 112
Instrumental
3X
B♭ F E♭ B♭ F B♭6
Opcional: baixo pedal em dó na 2ª vez
C 4 C C
1. e 2.
3.
Voz
Eu que-ro‿u-ma ca - sa no cam - po
C M7 A7/4 A 7
On-de‿eu pos-sa com-por mui - tos roc - ks ru-rais
B♭ B♭ C m7 D m7 E♭M7
E te-nha so-men - te‿a cer-te - za Dos a-mi-gos do pei -
A♭M7 C/G C/G B♭/C C
-to‿e na - da mais Eu que-ro‿u-ma ca - sa no cam - po
C M7 A7/4 A 7
On-de‿eu pos-sa fi-car do ta-ma - nho da paz

Bb		Bb	Cm7 Dm7	EbM7

E te-nha so-men―te a cer-te―za   Dos li-mi-tes do cor-

AbM7	F

___ po e na - da mais_____

Dm7			A 7/4

Eu que___-ro car-nei___-ros e ca-bras Pas___-tan-do so-le___-

A7	Dm7	Fm6/Ab	G 7/4

___-nes no meu___ jar-dim___ Eu que-ro o si-lên___-cio das lín___-guas can-sa-

G7	C	C7/E	F

-das   Eu que-ro a es-pe-ran___-ça de ó-cu-los___ E meu fi-lho de cu-

F#°	C/G	Am7

___-ca le-gal___   Eu que-ro plan-tar___ e co-lher___ com a

Bb	F/A	G 7/4		G7	𝄎

mão___ A pi-men-ta e o sal___

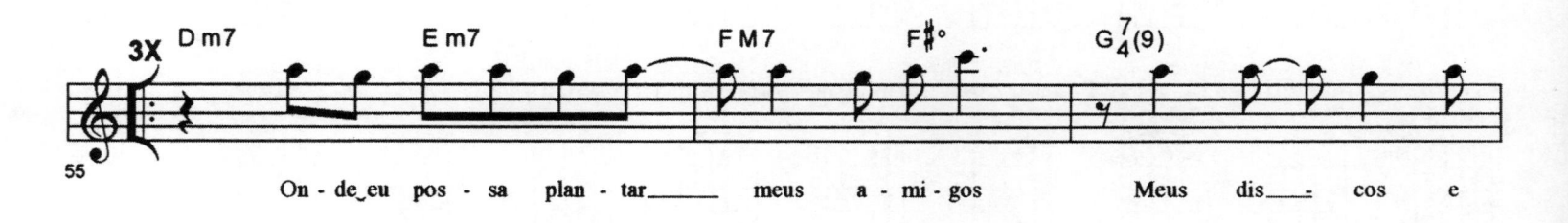

Eu que-ro_u-ma ca____-sa no cam___-po Do ta-ma-nho_i-de-
-al pau a pi_____- que_e sa - pê_____

On-de_eu pos-sa plan-tar_____ meus a-mi-gos Meus dis___-cos e

li - vros___ E na-da____ mais_____ li - vros___ E na-da

mais

Menino das laranjas

THÉO

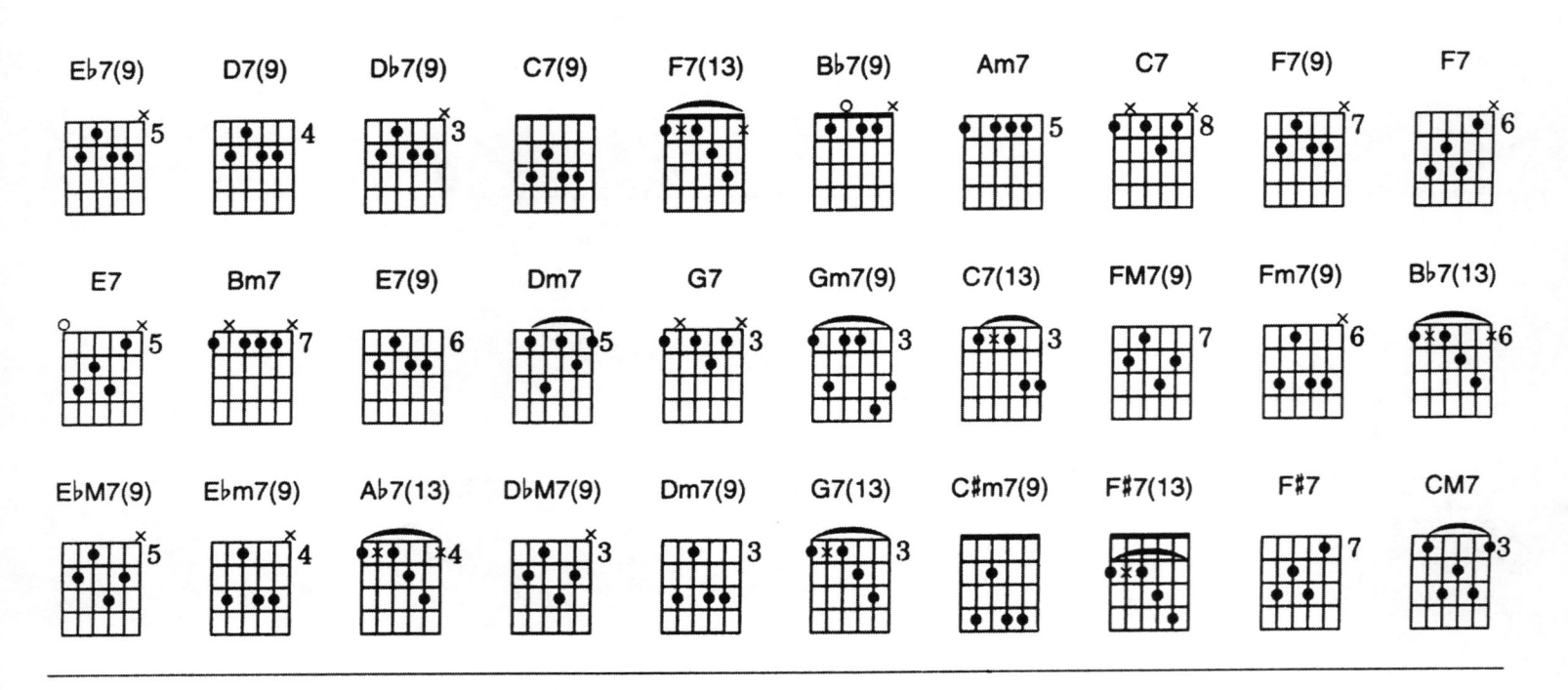

Introdução: **Eb7(9) D7(9) Db7(9) C7(9) F7(13) Bb7(9) Am7**

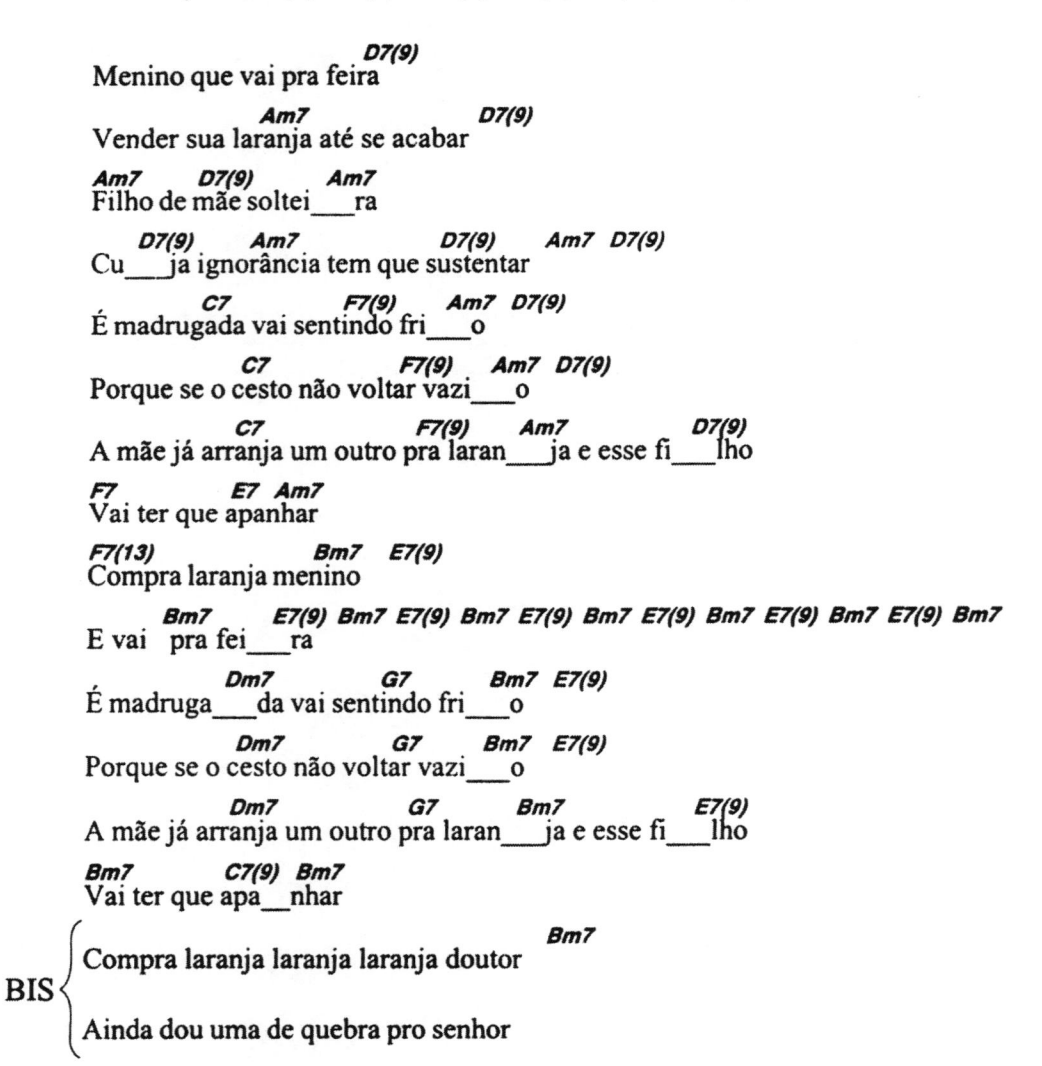

                  D7(9)
Menino que vai pra feira
        Am7   **D7(9)**
Vender sua laranja até se acabar
Am7   **D7(9)**   **Am7**
Filho de mãe soltei___ra
     D7(9)   **Am7**   **D7(9)** **Am7 D7(9)**
Cu___ja ignorância tem que sustentar
         C7   **F7(9)**   **Am7 D7(9)**
É madrugada vai sentindo fri___o
             C7   **F7(9)** **Am7 D7(9)**
Porque se o cesto não voltar vazi___o
       C7   **F7(9)**   **Am7**   **D7(9)**
A mãe já arranja um outro pra laran___ja e esse fi___lho
F7   **E7 Am7**
Vai ter que apanhar
F7(13)   **Bm7**   **E7(9)**
Compra laranja menino
   Bm7   **E7(9) Bm7 E7(9) Bm7 E7(9) Bm7 E7(9) Bm7 E7(9) Bm7 E7(9) Bm7**
E vai pra fei___ra
       Dm7   **G7**   **Bm7 E7(9)**
É madruga___da vai sentindo fri___o
        Dm7   **G7**   **Bm7 E7(9)**
Porque se o cesto não voltar vazi___o
            Dm7   **G7**   **Bm7**   **E7(9)**
A mãe já arranja um outro pra laran___ja e esse fi___lho
Bm7   **C7(9) Bm7**
Vai ter que apa__nhar

BIS {
                                        Bm7
Compra laranja laranja laranja doutor

Ainda dou uma de quebra pro senhor

```
        Gm7(9)              C7(13)              FM7(9)
   Lá no morro a gen____te acorda ce____do e é só trabalhar
              Fm7(9)             Bb7(13)            EbM7(9)
   Comida é pou____ca e muita rou____pa que a cida____de manda pra lavar
             Ebm7(9)           Ab7(13)           DbM7(9)
   De madruga____da ele meni____no acorda ce____do tentando encontrar
              Dm7(9)         G7(13)        C#m7(9)      F#7(13)
   Um pouco pra poder viver até crescer e a vida melhorar
```

```
        Bm7    E7(9)    Bm7    E7(9)
   ⎧ Compra    laran____ja doutor
BIS⎨       Bm7      C7(9)       Bm7
   ⎩ Ainda dou uma de quebra pro senhor
```

Compra laranja, laranja, laranja doutor *(etc.)*
Lá no morro a gente acorda cedo e é só trabalhar *(etc.)*

```
        E7  F7  F#7
   Ainda dou
                    Bm7
   Uma de quebra pro senhor
                  Am7
   Compra laranja doutor
        D7(9)                  G7   F#7
   Que eu dou uma de quebra pro senhor
        Bm7  E7
   Seu doutor
        Am7      D7      G7  CM7
   Com____pra laranja doutor
        Bm7
   Seu doutor
```

♩ = 108

Instrumental Eb7(9) D7(9) Db7(9) C7(9) F7(13) Bb7(9) Am7

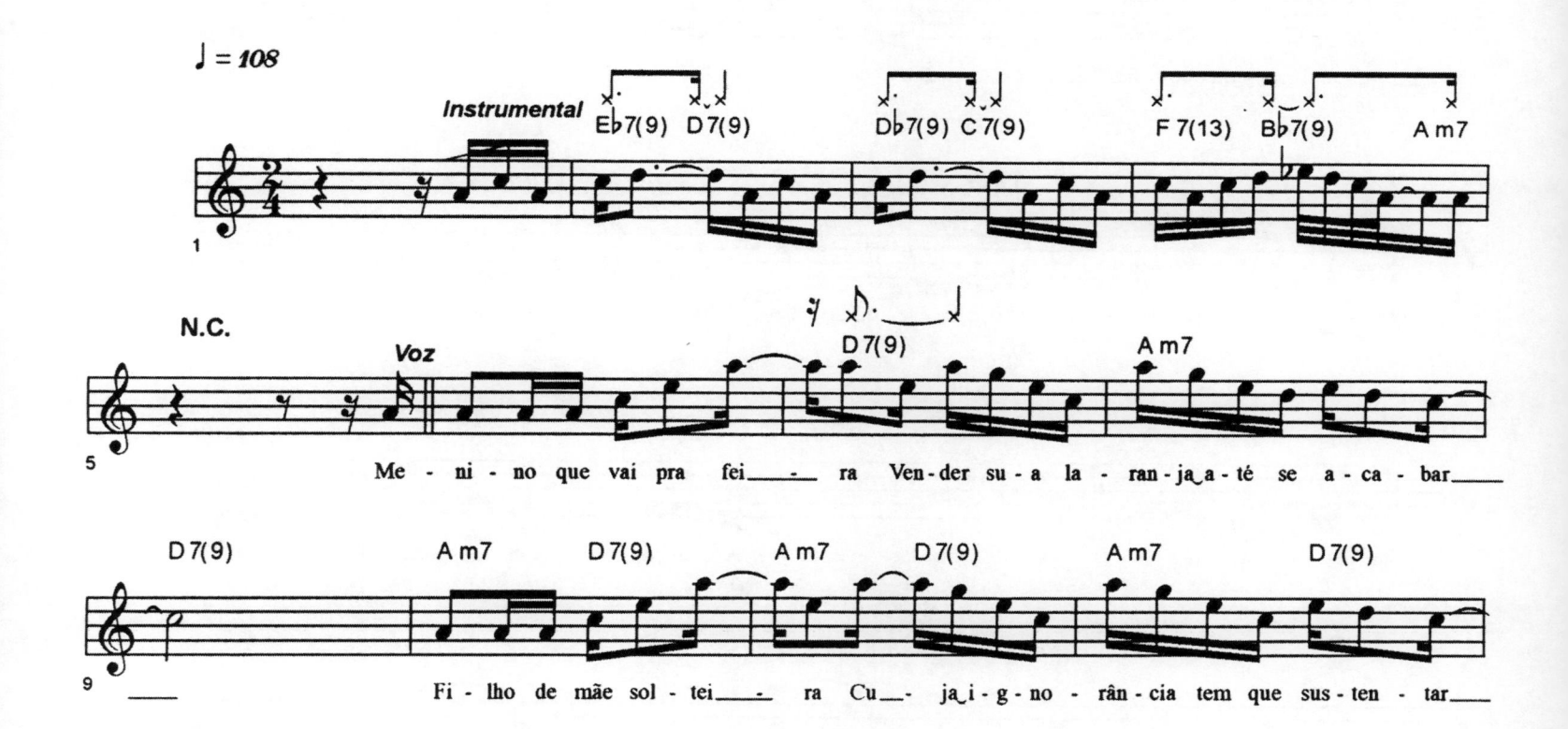

N.C. **Voz** D7(9) Am7

Me - ni - no que vai pra fei____- ra Ven - der su - a la - ran - ja_a - té se a - ca - bar____

D7(9) Am7 D7(9) Am7 D7(9) Am7 D7(9)

____ Fi - lho de mãe sol - tei____- ra Cu - ja_i - g - no - rân - cia tem que sus - ten - tar____

© Copyright 1964 by SERESTA EDIÇÕES MUSICAIS LTDA.
Todos os direitos autorais reservados para todos os países. *All rights reserved.*

Am7 D7(9) C7 F7(9) Am7 D7(9) C7 F7(9)
13
É ma-dru-ga-da vai sen-tin-do fri-o Por-que se o ces-to não vol-tar va-zi-
Am7 D7(9) C7 F7(9) Am7 D7(9) F7 E7 Am7
17
-o A mãe já ar-ran-ja um ou-tro pra la-ran-ja e es-se fi-lho Vai ter que a-pa nhar
F7(13) Bm7 E7(9) Bm7 E7(9) Bm7 E7(9)
21
Com-pra la-ran-ja me-ni-no E vai pra fei-ra
Bm7 E7(9) Bm7 E7(9) Bm7 E7(9) Bm7 E7(9) Bm7
26
É ma-dru-ga-
Dm7 G7 Bm7 E7(9) Dm7 G7 Bm7 E7(9)
31
-da vai sen-tin-do fri-o Por-que se o ces-to não vol-tar va-zi-o A mãe já ar-
Dm7 G7 Bm7 E7(9) Bm7 C7(9) Bm7
35
-ran-ja um ou-tro pra la-ran-ja e es-se fi-lho Vai ter que a-pa-nhar Com-pra la-
Bm7
39
-ran-ja la-ran-ja la-ran-ja dou-tor A-in-da dou u-ma de que-bra pro se-
Gm7(9) C7(13) FM7(9)
42
-nhor Lá no mor-ro a gen-te a-cor-da ce-do e é só tra-ba-lhar

46
F m7(9) Bb7(13) EbM7(9)
Co - mi - da é pou - ca e mui - ta rou - pa que a ci - da - de man - da pra la - var
50
Ebm7(9) Ab7(13) DbM7(9)
De ma - dru - ga - da e - le me - ni - no a - cor - da ce - do ten - tan - do en - con - trar
54
♩ = 75
D m7(9) G 7(13) C#m7(9) F#7(13)
Um pou - co pra po - der vi - ver a - té cres - cer e a vi - da me - lho - rar
59
♩ = 108
B m7 E7(9) B m7 E7(9) B m7 C7(9) B m7
Com - pra la - ran - ja dou - tor A - in - da dou u - ma de que - bra pro se - nhor
63
B m7 E7(9) B m7 E7(9) B m7 C7(9) B m7
Com - pra la - ran - ja dou - tor A - in - da dou u - ma de que - bra pro se - nhor Com - pra la-
Ao e
67
♩ = 100
B m7 E 7 F 7 F#7 B m7
-nhor A - in - da dou U - ma de que - bra pro se - nhor Com - pra la - ran - ja dou -
72
A m7 D7(9) G 7 F#7
-tor Que eu dou u - ma de que - bra pro se - nhor Seu dou -
76
B m7 E 7 A m7 D 7 G 7 C M7 B m7
-tor Com - pra la - ran - ja dou - tor Seu dou - tor

Canto de Ossanha

BADEN POWELL e
VINÍCIUS DE MORAES

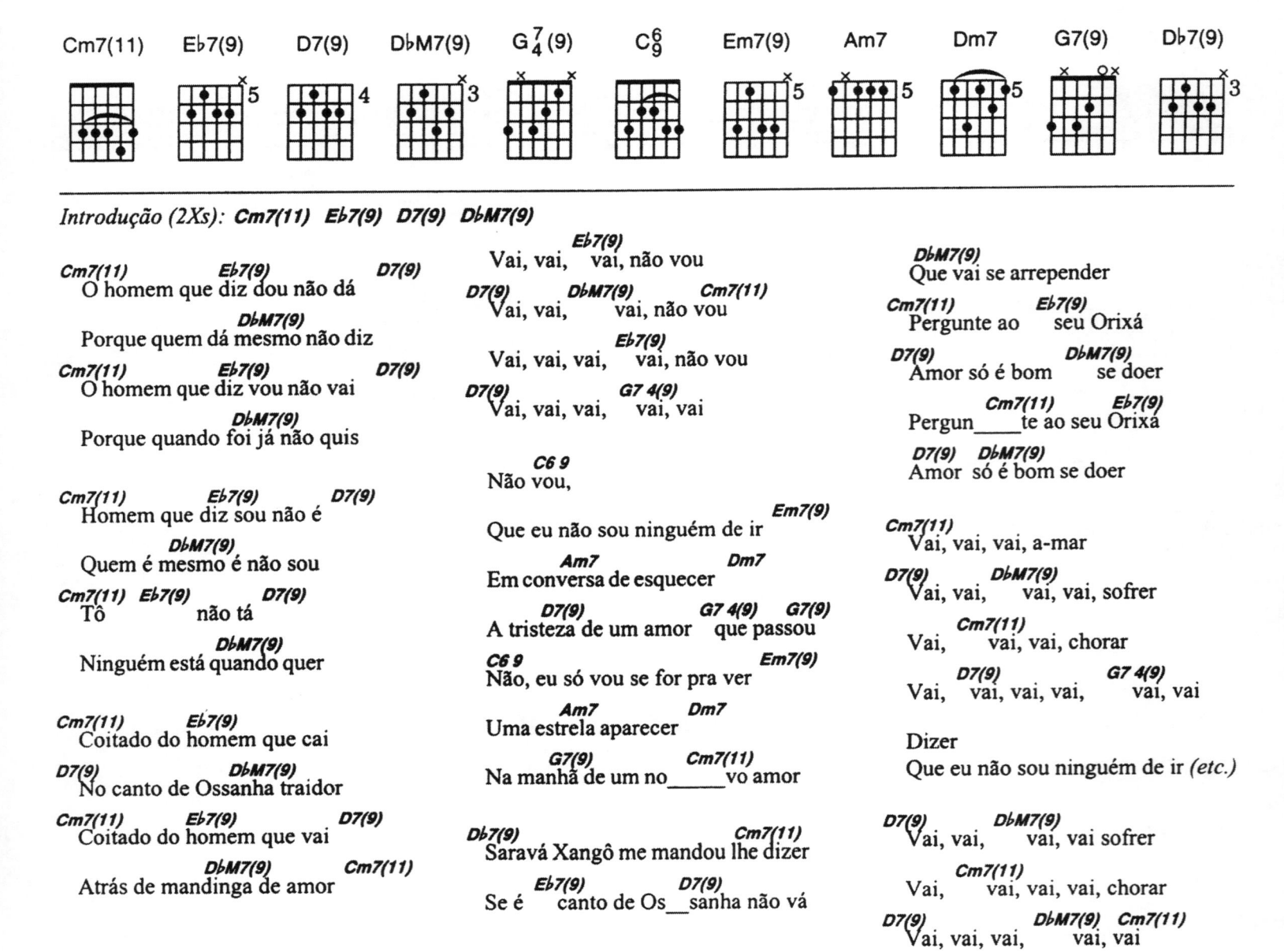

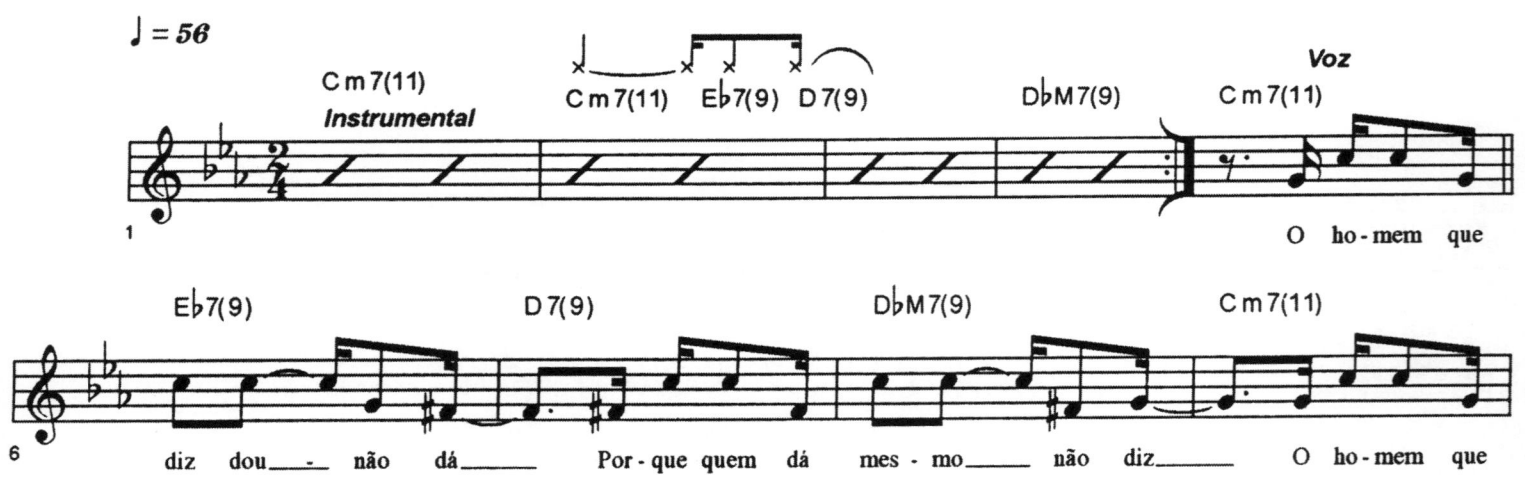

Cm7(11) Eb7(9) D7(9) DbM7(9) G7/4(9) C6/9 Em7(9) Am7 Dm7 G7(9) Db7(9)

Introdução (2Xs): Cm7(11) Eb7(9) D7(9) DbM7(9)

Cm7(11)   Eb7(9)   D7(9)
  O homem que diz dou não dá
           DbM7(9)
  Porque quem dá mesmo não diz
Cm7(11)   Eb7(9)   D7(9)
  O homem que diz vou não vai
           DbM7(9)
  Porque quando foi já não quis
Cm7(11)   Eb7(9)   D7(9)
  Homem que diz sou não é
           DbM7(9)
  Quem é mesmo é não sou
Cm7(11) Eb7(9)   D7(9)
  Tô   não tá
           DbM7(9)
  Ninguém está quando quer
Cm7(11)   Eb7(9)
  Coitado do homem que cai
D7(9)   DbM7(9)
  No canto de Ossanha traidor
Cm7(11)   Eb7(9)   D7(9)
  Coitado do homem que vai
          DbM7(9)   Cm7(11)
  Atrás de mandinga de amor

        Eb7(9)
  Vai, vai, vai, não vou
D7(9)   DbM7(9)   Cm7(11)
  Vai, vai,   vai, não vou
         Eb7(9)
  Vai, vai, vai, vai, não vou
D7(9)   G7 4(9)
  Vai, vai, vai, vai, vai
      C6 9
  Não vou,
                Em7(9)
  Que eu não sou ninguém de ir
      Am7   Dm7
  Em conversa de esquecer
      D7(9)   G7 4(9)   G7(9)
  A tristeza de um amor   que passou
   C6 9   Em7(9)
  Não, eu só vou se for pra ver
     Am7   Dm7
  Uma estrela aparecer
     G7(9)   Cm7(11)
  Na manhã de um no___vo amor
Db7(9)   Cm7(11)
  Saravá Xangô me mandou lhe dizer
   Eb7(9)   D7(9)
  Se é   canto de Os__sanha não vá

      DbM7(9)
  Que vai se arrepender
Cm7(11)   Eb7(9)
  Pergunte ao   seu Orixá
D7(9)   DbM7(9)
  Amor só é bom   se doer
         Cm7(11)   Eb7(9)
  Pergun____te ao seu Orixá
D7(9)   DbM7(9)
  Amor só é bom se doer
Cm7(11)
  Vai, vai, vai, a-mar
D7(9)   DbM7(9)
  Vai, vai, vai, vai, sofrer
       Cm7(11)
  Vai,   vai, vai, chorar
D7(9)   G7 4(9)
  Vai, vai, vai, vai,   vai, vai

  Dizer
  Que eu não sou ninguém de ir *(etc.)*

D7(9)   DbM7(9)
  Vai, vai,   vai, vai sofrer
       Cm7(11)
  Vai,   vai, vai, vai, chorar
D7(9)   DbM7(9) Cm7(11)
  Vai, vai, vai,   vai, vai

© Copyright 1974 by TONGA EDITORA MUSICAL LTDA.
Todos os direitos autorais reservados para todos os países. *All rights reserved.*

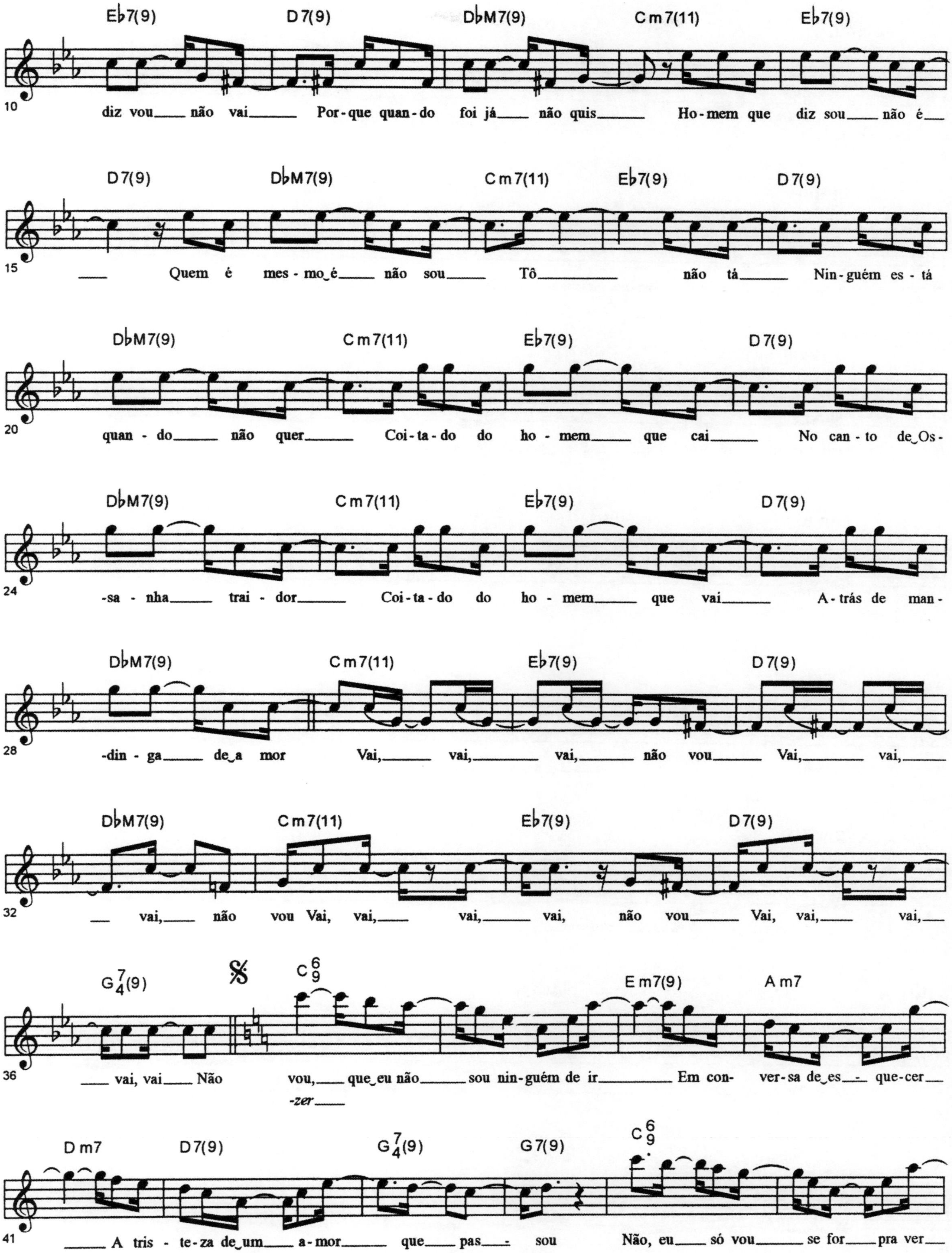
E♭7(9) D7(9) D♭M7(9) Cm7(11) E♭7(9)
10
diz vou não vai Por-que quan-do foi já não quis Ho-mem que diz sou não é
D7(9) D♭M7(9) Cm7(11) E♭7(9) D7(9)
15
Quem é mes-mo é não sou Tô não tá Nin-guém es-tá
D♭M7(9) Cm7(11) E♭7(9) D7(9)
20
quan-do não quer Coi-ta-do do ho-mem que cai No can-to de Os-
D♭M7(9) Cm7(11) E♭7(9) D7(9)
24
-sa-nha trai-dor Coi-ta-do do ho-mem que vai A-trás de man-
D♭M7(9) Cm7(11) E♭7(9) D7(9)
28
-din-ga de a mor Vai, vai, vai, não vou Vai, vai,
D♭M7(9) Cm7(11) E♭7(9) D7(9)
32
vai, não vou Vai, vai, vai, vai, não vou Vai, vai, vai,
G7/4(9) C6/9 Em7(9) Am7
36
vai, vai Não vou, que eu não sou nin-guém de ir Em con- ver-sa de es- que-cer
-zer
Dm7 D7(9) G7/4(9) G7(9) C6/9
41
A tris-te-za de um a-mor que pas- sou Não, eu só vou se for pra ver

Em7(9) Am7 Dm7 G7(9) Cm7(11)
47 U-ma es-tre-la a-pa-re-cer na ma-nhã de um no-vo a-mor
Db7(9) Cm7(11) Eb7(9) D7(9)
Canto improvisando
53 Sa-ra-vá Xan-gô me man-dou lhe di-zer Se é can-to de Os-sa-nha não vá
DbM7(9) Cm7(11) Eb7(9) D7(9)
58 Que vai se ar-re-pen-der Per-gun-te ao seu O-ri-xá A-mor só é bom
DbM7(9) Cm7(11) Eb7(9) D7(9) DbM7(9)
62 se do-er Per-gun-te ao seu O-ri-xá A-mor só é bom se do-er
Cm7(11) D7(9) DbM7(9)
67 Vai, vai, vai, a-mar Vai, vai, vai, vai, so-frer Vai,
Cm7(11) D7(9) G7/4(9)
71 vai, vai, cho-rar Vai, vai, vai, vai, vai, vai Di-
Ao 𝄋 e 𝄌
D7(9) DbM7(9) Cm7(11)
75 Vai, vai, vai, vai so-frer Vai, vai, vai,
D7(9) DbM7(9) Cm7(11)
78 vai, cho-rar Vai, vai, vai, vai, vai

Vou deitar e rolar

(Quaquaraquaqua)

BADEN POWELL e
PAULO CÉSAR PINHEIRO

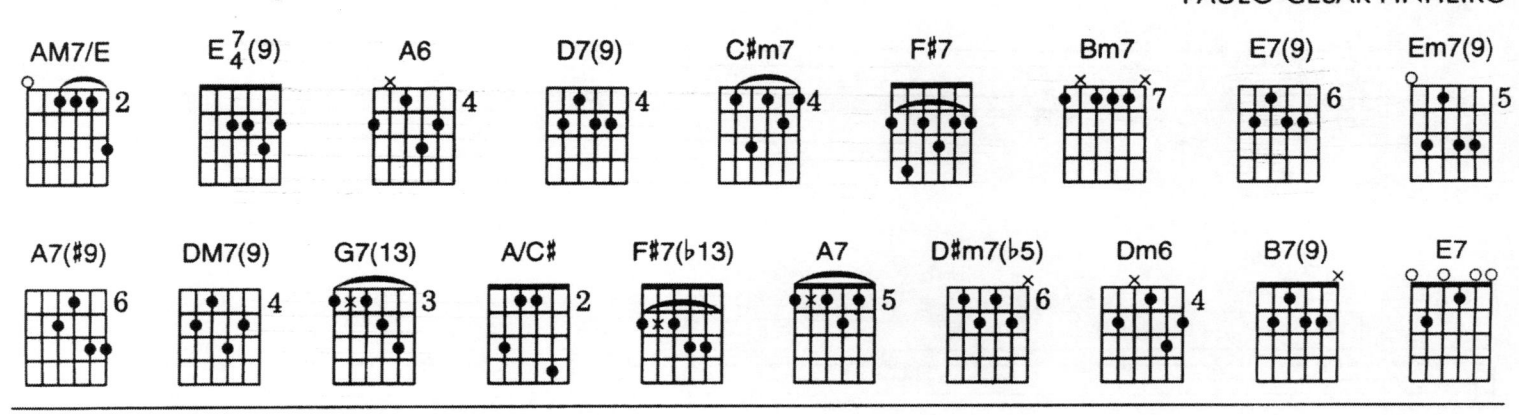

Introdução (2Xs): **AM7/E E7 4(9) AM7/E E7 4(9)**

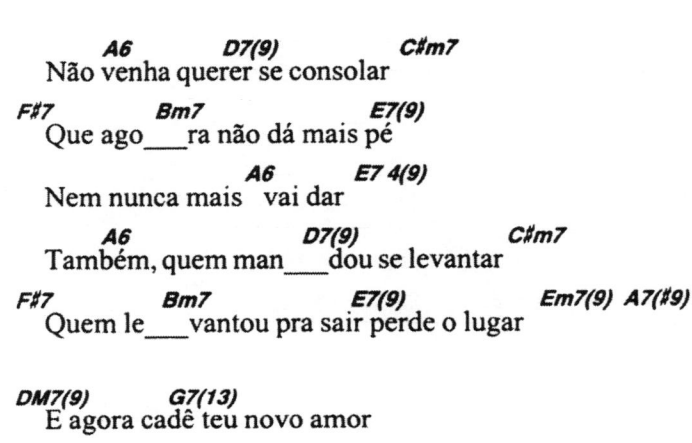

```
      A6        D7(9)            C#m7
   Não venha querer se consolar
   F#7      Bm7              E7(9)
   Que ago___ra não dá mais pé
                   A6      E7 4(9)
   Nem nunca mais   vai dar
            A6          D7(9)              C#m7
   Também, quem man___dou se levantar
   F#7       Bm7             E7(9)             Em7(9)  A7(#9)
   Quem le___vantou pra sair perde o lugar

   DM7(9)         G7(13)
   E agora cadê teu novo amor
   A/C#          F#7(b13)
   Cadê que ele nunca funcionou
   Bm7          E7 4(9)       Em7(9)
   Cadê que ele nada resolveu
```

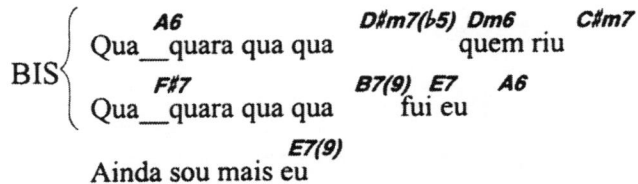

REFRÃO:

BIS
```
      A6                D#m7(b5) Dm6    C#m7
   Qua__quara qua qua              quem riu
      F#7         B7(9)   E7    A6
   Qua__quara qua qua      fui eu
                   E7(9)
   Ainda sou mais eu
```

```
      A6        D7(9)           C#m7
   Você já entrou na de voltar
   F#7     Bm7          E7(9)           A6    E7 4(9)
   Ago___ra fica na tua que é melhor  ficar
       A6         D7(9)             C#m7
   Porque vai ser   fogo me aturar
   F#7       Bm7            E7(9)           Em7(9)  A7(#9)
   Quem cai  na chuva só tem que se molhar

   DM7(9)         G7(13)
   E agora cadê, cadê você
   A/C#              F#7(b13)
   Cadê que eu não vejo mais, cadê
   Bm7          E7 4(9)        Em7(9)
   Pois é quem te viu e quem te vê
```

Refrão

```
      A6
   Todo mundo se admira
   Bm7       E7(9)          C#m7
   Da man___cada que a Te___resinha deu
   F#7           Bm7  E7(9)            Em7(9)
   Que  deu no pira   e ficou sem nada ter de seu
         A7(13)          D#m7(b5)
   Ela não quis levar fé
        Dm6          C#m7
   Na virada da maré   (breque)
   N.C.
   Mas que malandro sou eu pra ficar dando
   Colher de chá se eu não tive colher
                           E7 4(9)
   Vou deitar e rolar

   Você já entrou na de voltar (etc.)

   E agora cadê, cadê você (etc.)
```

Refrão

```
   A7
   O vento que venta aqui
   D#m7(b5)      Dm6
   É o mesmo   que venta lá
   A/C#      F#7(b13)          D#m7(b5)
   E volta      pro mandinguei___ro
                       Dm6
   A mandinga de quem mandingar
   A/C#      F#7(b13)
   O vento    que venta aqui
   D#m7(b5)      Dm6
   É o mesmo    que venta lá
   A/C#      F#7(b13)          D#m7(b5)
   E volta      pro mandinguei___ro
                       Dm6            A/C#
   A mandinga de quem mandingar
```

Refrão (repete ad libtum e fade out)

Vou deitar e rolar
(Quaquaraquaqua)

BADEN POWELL e
PAULO CÉSAR PINHEIRO

♩ = 110

Não venha querer se con - solar
-cê já entrou na de volta

Que_a - go - ra não dá mais pé   Nem nunca mais vai dar
A - go - ra fi - ca na tu - a que_é me - lhor fi - car

Tam - bém, quem man - dou se le - vantar
Por - que vai ser fo - go me_a - tu - rar

Quem le - van - tou pra sa - ir per - de_o lu - gar
Quem cai na chu - va só tem que se mo - lhar

E_a - go - ra ca - dê teu no - vo_a - mor Ca - dê que_e - le nunca fun - cio - nou
E_a - go - ra ca - dê ca - dê vo - cê Ca - dê que_eu não ve - jo mais, ca - dê

© Copyright 1970 by WARNER CHAPPELL EDIÇÕES MUSICAIS LTDA.
Todos os direitos autorais reservados para todos os países. *All rights reserved.*

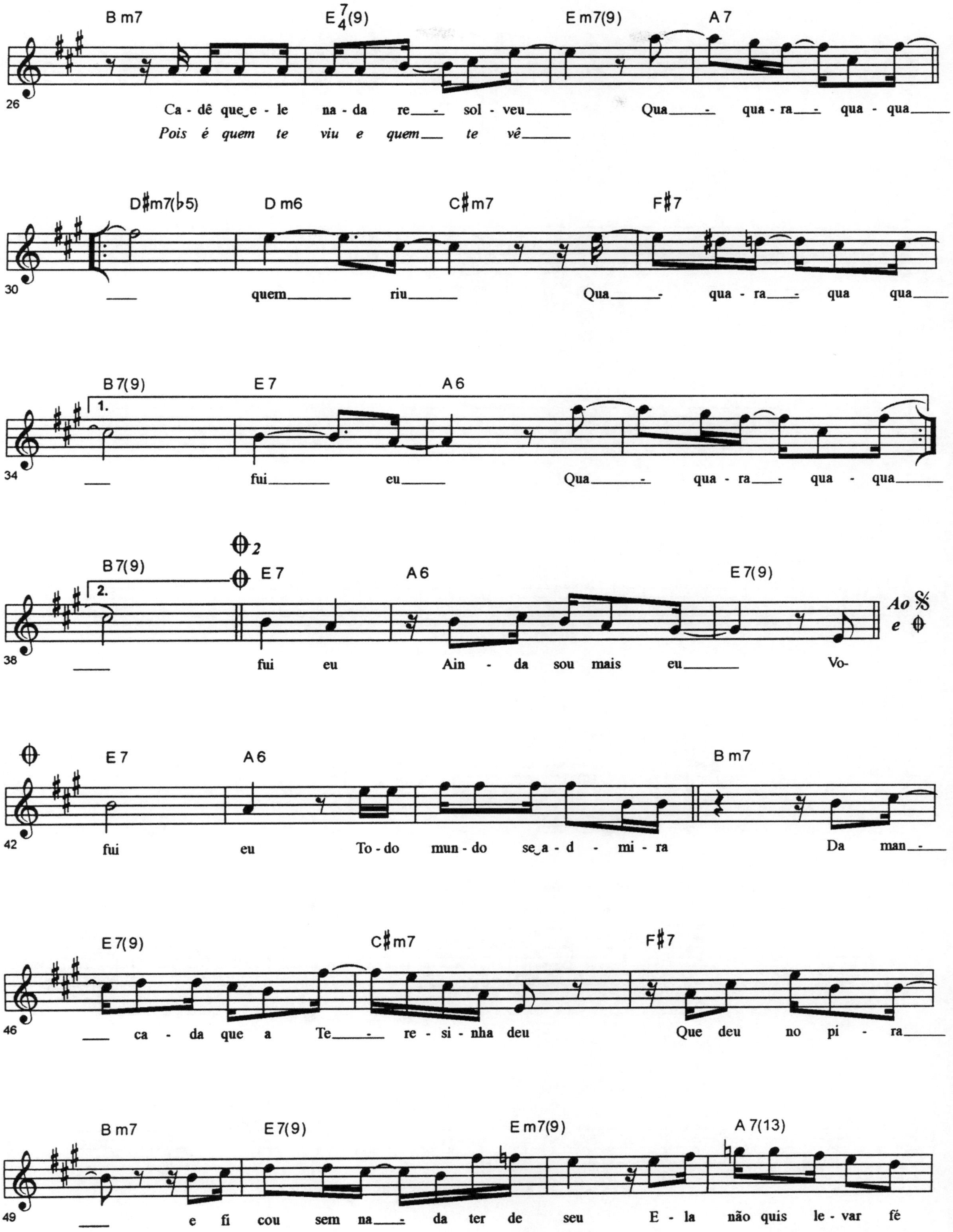
B m7
E 7/4(9)
E m7(9)
A 7
26
Ca - dê que_e - le na - da re - sol - veu Qua - qua - ra - qua - qua
Pois é quem te viu e quem te vê
D♯m7(♭5)
D m6
C♯m7
F♯7
30
quem riu Qua - qua - ra - qua qua
B 7(9)
E 7
A 6
1.
34
fui eu Qua - qua - ra - qua - qua
B 7(9)
E 7
A 6
E 7(9)
2.
38
fui eu Ain - da sou mais eu Vo-
Ao 𝄋 e 𝄌
E 7
A 6
B m7
42
fui eu To - do mun - do se_a - d - mi - ra Da man -
E 7(9)
C♯m7
F♯7
46
ca - da que a Te - re - si - nha deu Que deu no pi - ra
B m7
E 7(9)
E m7(9)
A 7(13)
49
e fi cou sem na - da ter de seu E - la não quis le - var fé

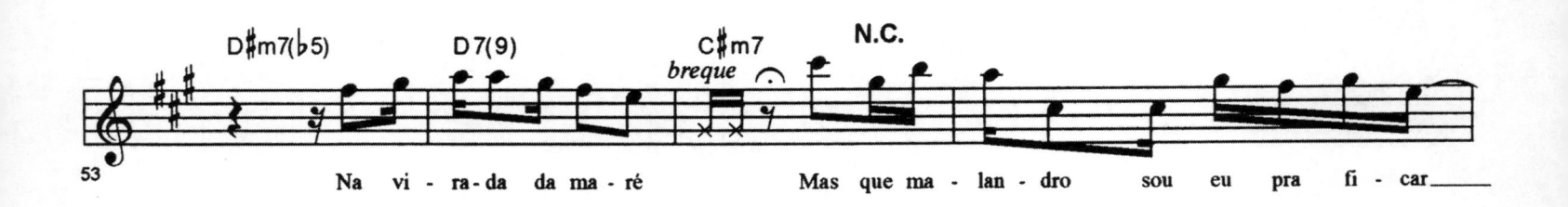

Na virada da maré
Mas que malandro sou eu pra ficar dando colher de chá se eu não tive colher
Vou deitar e rolar
Vou fui eu
O vento que venta aqui
É o mesmo que venta lá
E volta pro mandingueiro a mandinga de quem mandingar
O vento que venta aqui
Qua — quara — qua qua quem riu
Qua — quara — qua qua fui eu
Qua-

Atrás da porta

CHICO BUARQUE DE HOLANDA e
FRANCIS HIME

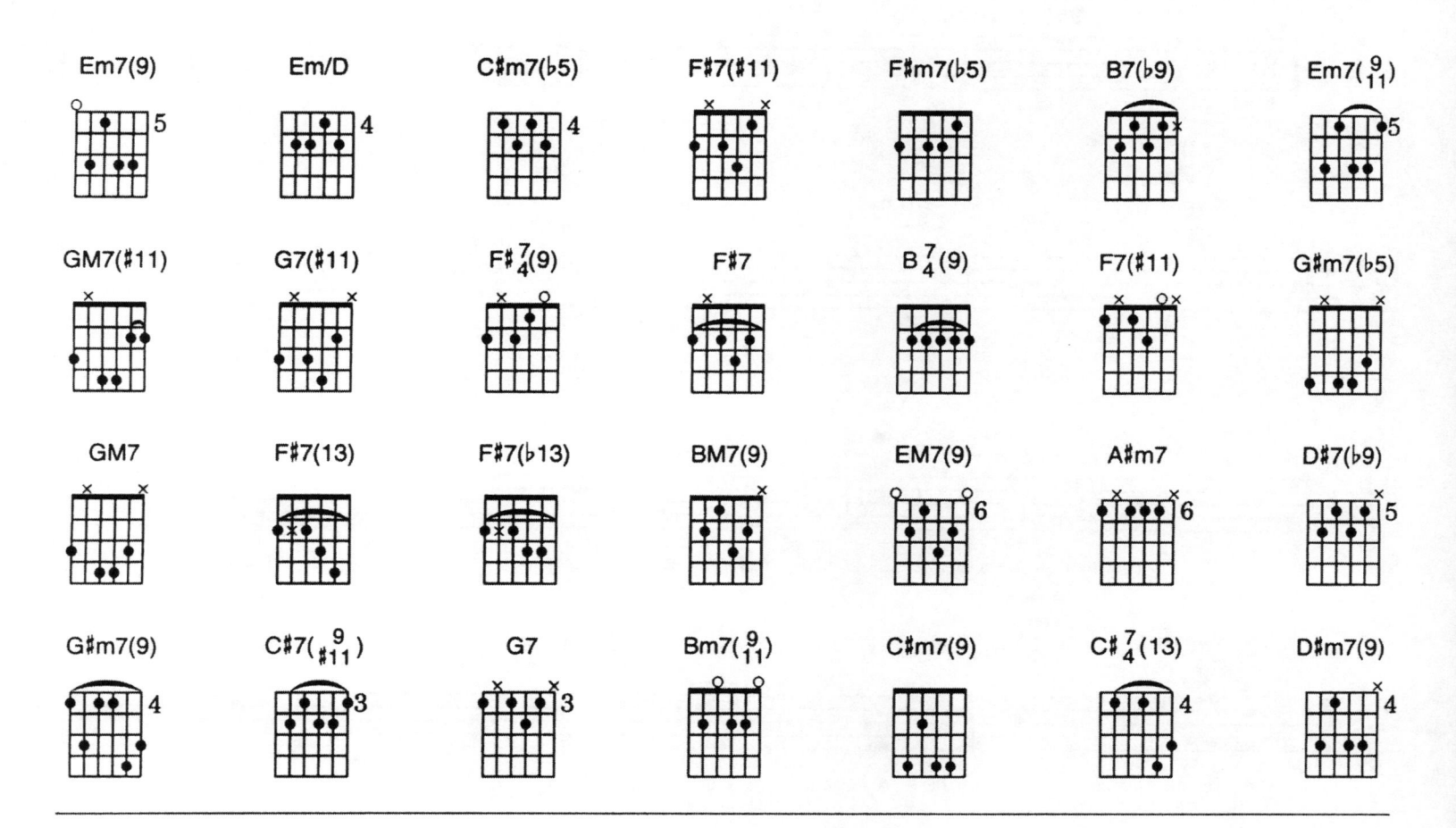

Introdução: Em7(9) Em/D C#m7(b5) F#7(#11)
F#m7(b5) B7(b9) Em7(9 11)

Em/D   C#m7(b5)
  Quando olhaste bem nos olhos meus
F#7(#11)   GM7(#11)
  E o teu olhar era de adeus
    G7(#11)   F#7 4(9)
  Juro que não acre___ditei
   F#7
  Eu te estranhei
       B7 4(9)   F7(#11)   Em7(9 11)
  Me debrucei sobre teu corpo   e duvidei
G#m7(b5)   G7(#11)   F#7 4(9)
  E me arrastei e te arranhei
         F#7   GM7
  E me agarrei nos teus cabelos
                  C#m7(b5)
  No teu peito teu pijama
             F#7(13) F#7(b13)
  Nos teus pés
     BM7(9)
  Ao   pé da cama
EM7(9)   A#m7
  Sem carinho,   sem coberta

D#7(b9)   G#m7(9)
  No tapete atrás   da porta
C#7(9 #11)   G7   F#7
  Reclamei   baixi__nho
B7 4(9)   F7(#11)   Em7(9 11)
  Dei pra mal__dizer o nos__so lar
G#m7(b5)   G7(#11)
  Pra sujar teu nome
              F#7 4(9)
  Te humi___lhar
          F#7(#11)   GM7
  E me vin__gar a qualquer pre__ço
                     C#m7(b5) F#7(13)
  Te adorando pelo aves_____so
F#7(b13)   Bm7(9 11)   G7(#11)
  Pra mostrar que ainda sou tua
C#m7(9)   F#7 4(13) F#7(b13)   Bm7(9 11)   G7(#11)
  Até provar   que ainda sou   tua

Instrumental: C#m7(9) F#7 4(13) F#7(b13) D#m7(9)
Em7(9) C#m7(9) F#7 4(13) F#7(b13) Bm7(9 11)

37

Atrás da porta

CHICO BUARQUE e FRANCIS HIME

Quando olhas-te bem nos olhos meus E o teu olhar era de a-deus Juro que não acreditei Eu te estranhei Me debrucei sobre teu corpo e duvidei E me arrastei e te arranhei E me agarrei nos teus cabelos No teu peito teu pijama Nos teus pés Ao

© Copyright 1972 by CARA NOVA EDITORA MUSICAL LTDA.
Todos os direitos autorais reservados para todos os países. *All rights reserved.*

BM7(9) EM7(9) A#m7 D#7(b9)
29
pé da ca - ma Sem ca - ri - nho, sem co - ber - ta No ta - pe - te a - trás
G#m7(9) C#7(#9 #11) G7 F#7
33
da por - ta Re - cla - mei bai - xi - nho
B7 4(9) F7(#11) Em7(9 11) G#m7(b5)
37
Dei pra mal - di - zer o nos - so lar Pra su - jar teu
G7(#11) F#7 4(9) F#7(#11) GM7
42
no - me Te hu - mi - lhar E me vin - gar a qual - quer pre - ço Te a - do -
C#m7(b5) F#7(13) F#7(b13) Bm7(9 11)
46
-ran - do pe - lo a - ves - so Pra mos - trar que ain - da sou tu - a
G7(#11) C#m7(9) F#7 4(13) F#7(b13) Bm7(9 11)
50
A - té pro - var que ain - da sou tu - a
G7(#11) C#m7(9) F#7 4(13) F#7(b13) D#m7(9)
Instrumental
Violinos
54
Em7(9) C#m7(9) F#7 4(13) F#7(b13) Bm7(9 11)
58
rall.

Folhas secas

NELSON CAVAQUINHO e
GUILHERME DE BRITO

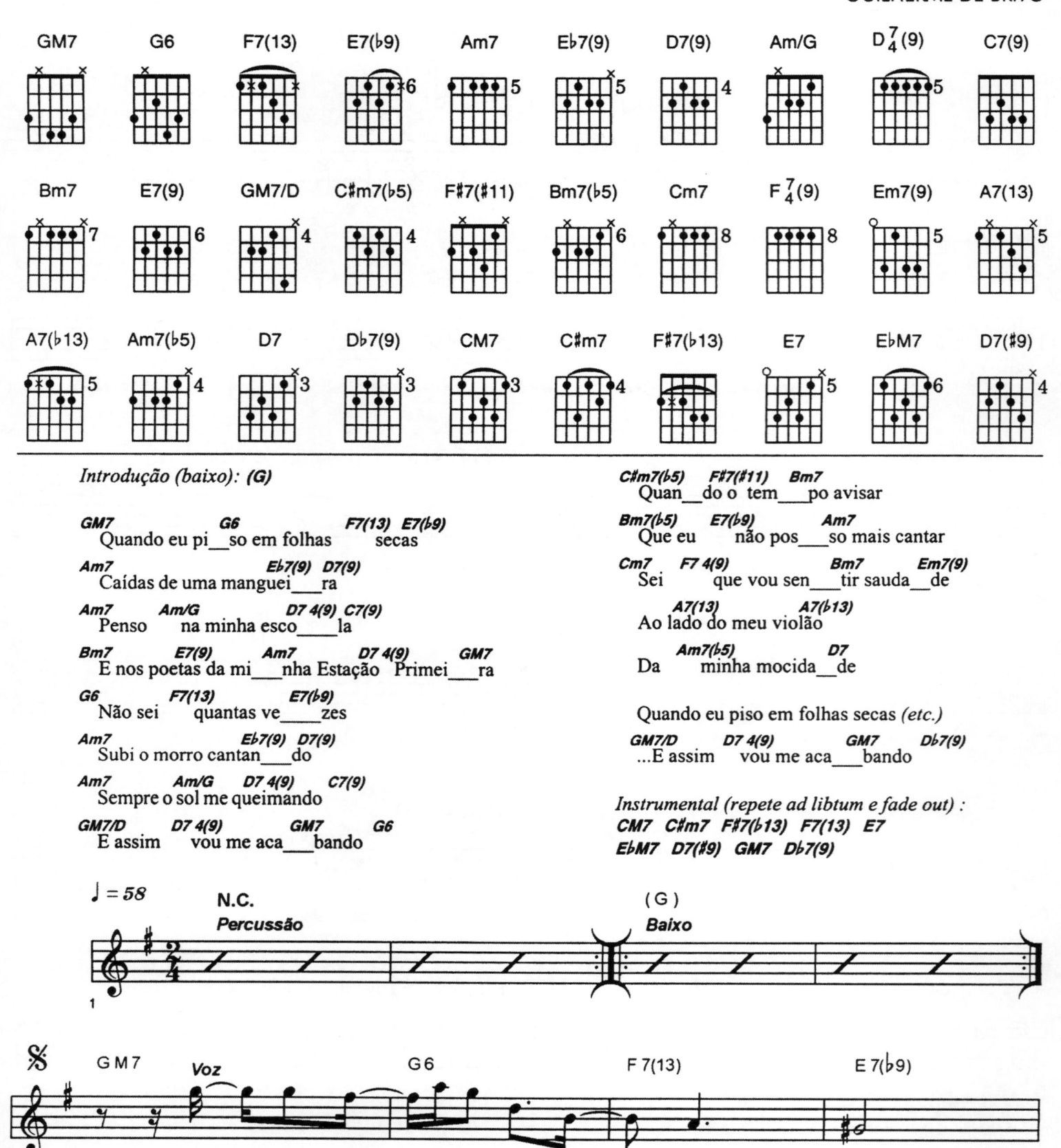

Introdução (baixo): (G)

```
GM7             G6              F7(13) E7(b9)
  Quando eu pi__so em folhas       secas
Am7              Eb7(9)  D7(9)
  Caídas de uma manguei___ra
Am7       Am/G       D7 4(9)  C7(9)
  Penso    na minha esco____la
Bm7       E7(9)      Am7       D7 4(9)    GM7
  E nos poetas da mi___nha Estação Primei___ra
G6         F7(13)         E7(b9)
  Não sei    quantas ve____zes
Am7              Eb7(9)  D7(9)
  Subi o morro cantan___do
Am7       Am/G       D7 4(9)  C7(9)
  Sempre o sol me queimando
GM7/D     D7 4(9)      GM7       G6
  E assim    vou me aca___bando
```

```
C#m7(b5)    F#7(#11)   Bm7
  Quan__do o tem___po avisar
Bm7(b5)     E7(b9)         Am7
  Que eu      não pos___so mais cantar
Cm7       F7 4(9)           Bm7      Em7(9)
  Sei      que vou sen___tir sauda__de
           A7(13)          A7(b13)
  Ao lado do meu violão
           Am7(b5)          D7
  Da       minha mocida__de

Quando eu piso em folhas secas (etc.)
GM7/D     D7 4(9)      GM7       Db7(9)
  ...E assim    vou me aca___bando
```

Instrumental (repete ad libitum e fade out):
CM7 C#m7 F#7(b13) F7(13) E7
EbM7 D7(#9) GM7 Db7(9)

♩ = 58   N.C.   (G)
          Percussão   Baixo

𝄋 GM7   Voz   G6   F7(13)   E7(b9)
   Quan__- do eu pi___- so em fo - lhas____ se-   cas

© Copyright 1972 by EDITORA MUSICAL ARLEQUIM LTDA.
Todos os direitos autorais reservados para todos os países. *All rights reserved.*

Ca - í - das de u - ma man - guei - ra

Pen - so na minha es - co - la

E nos po - e - tas da mi - nha Es - ta - ção Pri - mei -

-ra Não sei quan - tas ve - zes

Su - bi o mor - ro can - tan - do

Sem - pre o sol me quei - man - do E as - sim

vou me a - ca - ban - do

Quan - do o tem - po a - vi - sar

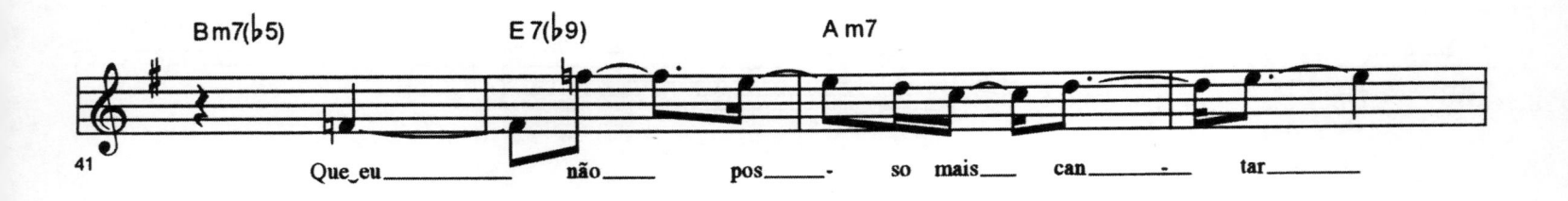

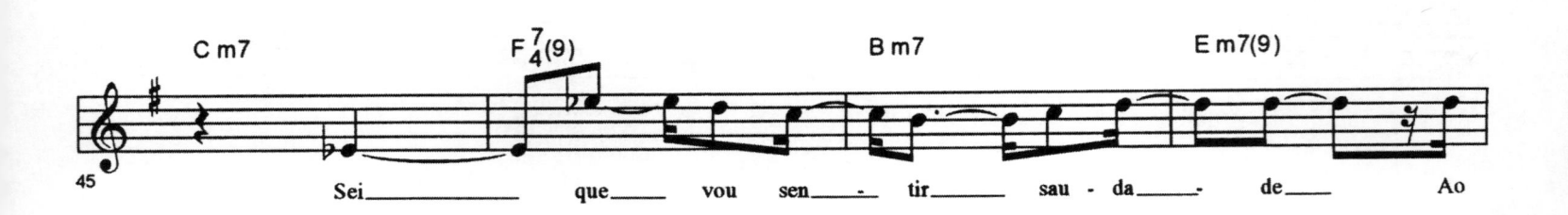

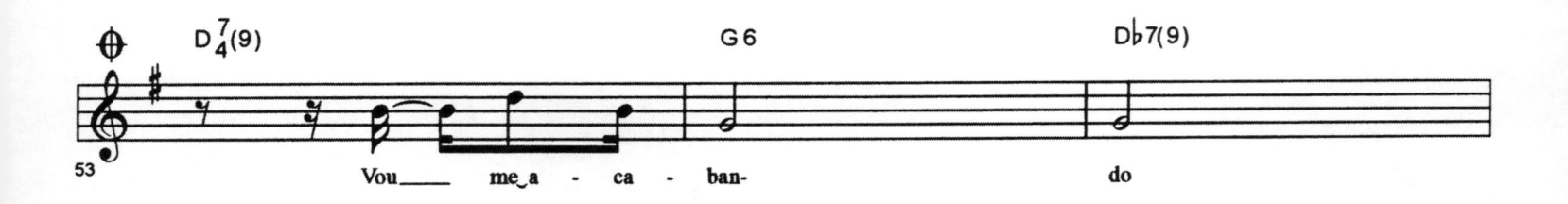

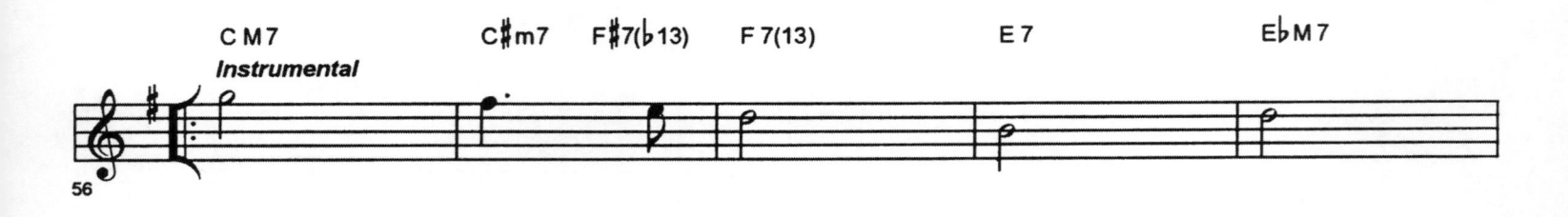

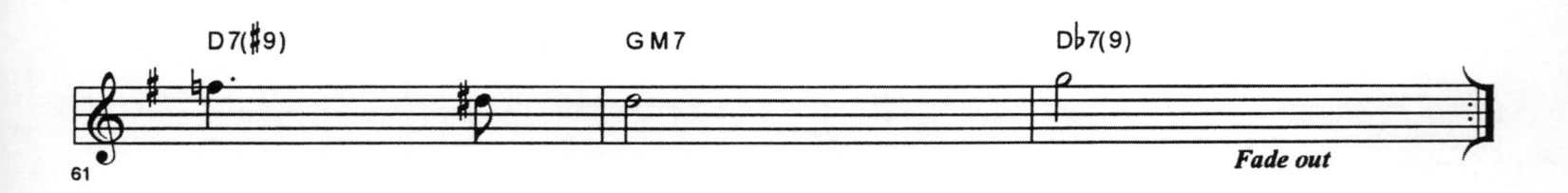

Que eu não pos- so mais can- tar
Sei que vou sen- tir sau- da- de Ao
la- do do meu vi- o- lão Da mi- nha mo-ci- da- de
Vou me a- ca- ban- do

Instrumental

Fade out

Na batucada da vida

ARY BARROSO e
LUIZ PEIXOTO

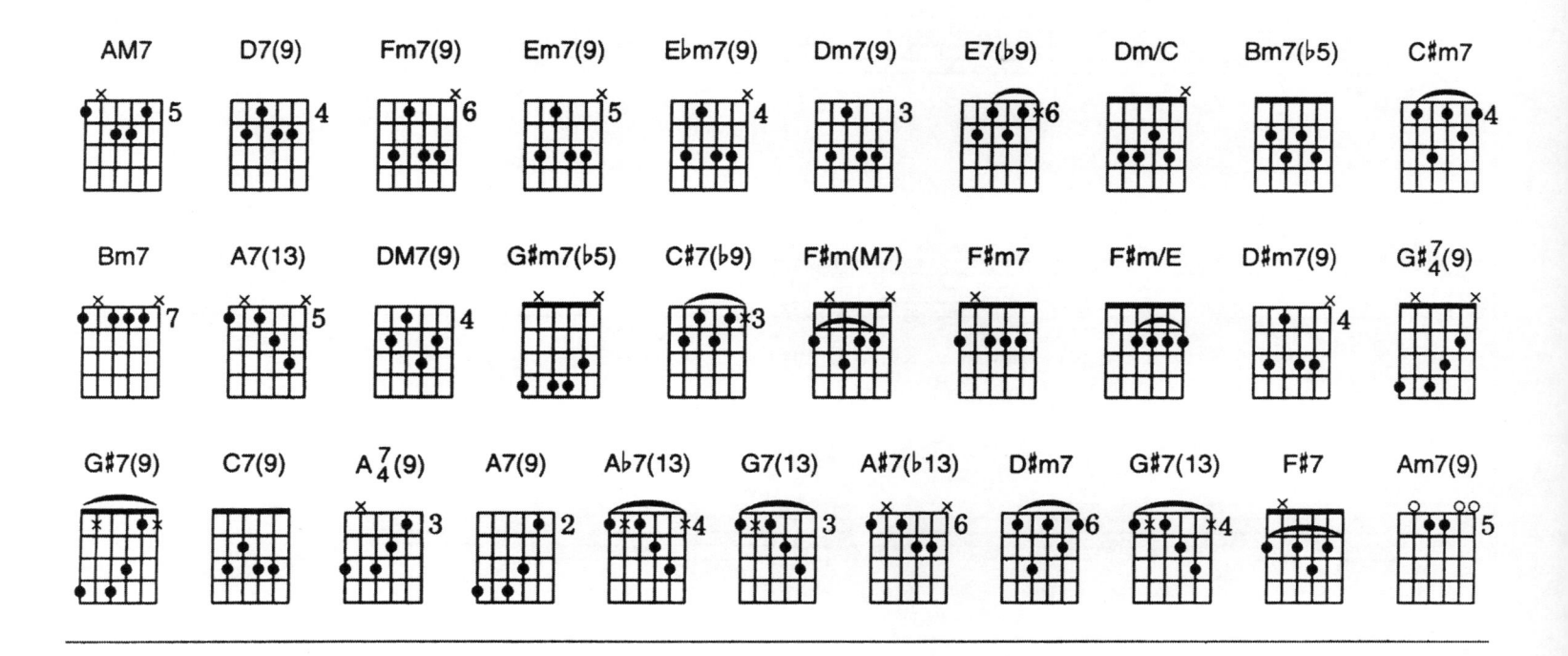

Introdução: **AM7 D7(9) AM7 D7(9) AM7 D7(9)**
AM7 Fm7(9) Em7(9) Ebm7(9)

Dm7(9)   **E7(b9)**   **AM7**
No dia em que eu apareci no mun___do
  Dm7(9)   **Dm/C**   **Bm7(b5) E7(b9) C#m7 Bm7**   **AM7**
Juntou uma porção de vagabundo da orgia
A7(13) DM7(9)   **G#m7(b5)**   **C#7(b9)**   **F#m(M7)**
De noite teve sam____ba e ba____tu__cada
    F#m7   **F#m/E**   **D#m7(9)**
Que a___cabou de madrugada
    G#7 4(9) G#7(9) C#m7 C7(9) Bm7
Em grossa pancadaria

E7(b9) Dm7(9)   **E7(b9)**   **AM7**
Depois do meu batismo de fumaça
Em7(9)   **A7 4(9)**   **A7(9) DM7(9) Ab7(13) G7(13)**
Mamei um li___tro e meio de cachaça bem puxado
DM7(9)   **G7(13)**   **C#m7**
E foi adormecer como um despa__cho
   F#m7 F#m/E   **D#m7(9)**
Deitadinha no capacho
    G#7 4(9) G#7(9)   **C#m7**   **G#7 4(9)**
Na porta dos enjeitados

        C#m7 A#7(b13) D#m7   **G#7(13)**   **C#m7**
Cresci olhando a vida sem malícia
A#7(b13)   **D#m7**   **G#7(13)**   **C#m7**
Quando um cabo de polícia
        F#7 4(9) D#m7(9)   **Em7(9)**   **A7 4(9)**
Despertou meu cora____ção
A7(b9) Dm7(9)   **G7(13)**   **C#m7**
E como eu fui pra e____le muito bo__a
     F#7   **Bm7**
Me soltou na rua à toa
    E7(b9)   **AM7**   **D#m7(9)**
Desprezada como um cão

G#7(13) C#m7 A#7(b13)   **D#m7**   **G#7(13)**   **C#m7**
E hoje que eu sou mesmo da virada
A#7(b13)   **D#m7**   **G#7(13)**   **C#m7**
E que eu não tenho na_____da, nada
        F#7 4(9) D#m7(9)   **Em7(9)**   **A7 4(9)**
Que por Deus fui esque____cida
A7(b9) Dm7(9)   **G7(13)**   **C#m7**
Irei cada vez mais me esmulambando
     F#7   **Bm7**
Seguirei sempre cantan___do
       E7(b9)   **Dm7(9)**   **Dm/C Bm7 E7(b9) Am7(9)**
Na batucada da vi_____da

Na batucada da vida

ARY BARROSO e
LUIZ PEIXOTO

No dia em que eu apareci no mundo
Juntou uma porção de vagabundo da orgia
De noite teve samba e batucada
Que acabou de madrugada
Em grossa pancadaria
Depois do meu batismo de fumaça
Mamei um litro e meio de cachaça bem puxado

© Copyright 1934 by IRMÃOS VITALE S/A Ind. e Com. - São Paulo - BRASIL.
Todos os direitos autorais reservados para todos os países. *All rights reserved.*

E foi adormecer como um despacho
Deitadinha no capacho
Na porta dos enjeitados
Cresci olhando a vida sem malícia
Quando um cabo de polícia
Despertou meu coração
E como eu fui pra ele muito boa
Me soltou na rua à toa
Desprezada como um cão
E do Na batucada da vida

hoje que eu sou mesmo da virada
E que eu não tenho nada, nada
Que por Deus fui esquecida
Irei cada vez mais me esmulambando
Seguirei sempre cantando

De onde vens

NELSON MOTTA e
DORY CAYMMI

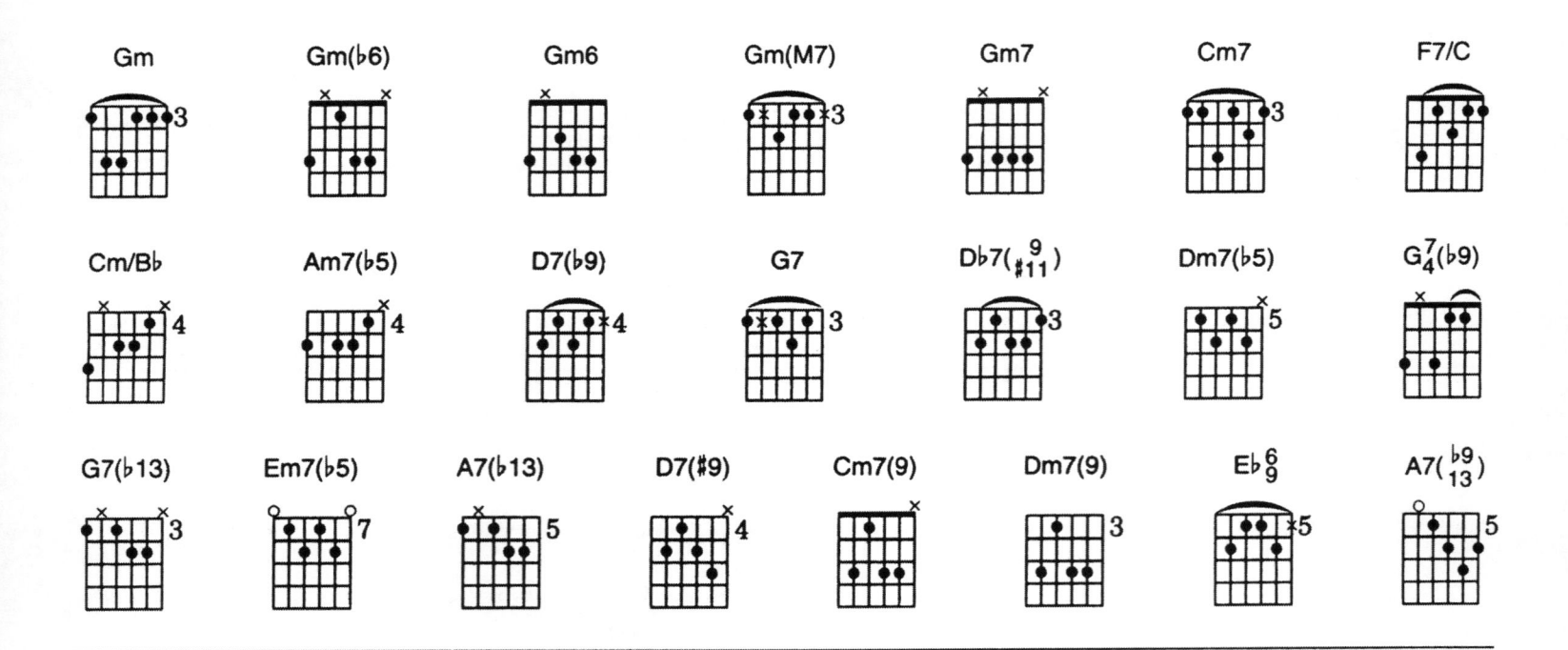

Introdução (2x): **Gm   Gm(b6)   Gm6   Gm(b6)**

   Gm   Gm(M7)   Gm7
Ah! Quanta dor ve___jo em teus olhos
 Gm6   Gm7   Gm
  Tanto pranto em teu sorri__so
      Cm7
  Tão vazias as tuas mãos
   F7/C   Cm7
  De onde vens assim   cansado?
Cm/Bb   Am7(b5)
  De que dor, de qual distância?
D7(b9)   G7   Db7(9 #11)
  De que terras, de que mar?

Dm7(b5)   G7 4(b9)   Dm7(b5)
  Só quem   partiu pode voltar
 G7(b13)   Cm7
  E eu voltei pra te contar
Cm/Bb   Em7(b5)
  Dos caminhos on_____de andei
A7(b13)   Dm7(b5)
  Fiz do riso amar_____go pranto
G7(b13)   Cm7   Cm/Bb
  Do olhar sempre os teus o____lhos
  Am7(b5) D7(#9) Gm
  No peito aber_____to uma canção

Gm(b6)   Gm6
  Se eu pudes___se de repente
Gm7   Gm(M7)
  Te mostrar meu co_____ração
Gm   Cm7
  Saberias num   momento
  F7/C   Cm7
  Quan___ta dor há den___tro dele
Cm/Bb   Am7(b5)
  Dor de amor quando não passa
 D7(b9)   G7   Db7(9 #11)
  É porque o amor valeu

Só quem partiu pode voltar *(etc.)*

Gm   Cm7(9)
  Saberias num   momento
  Dm7(9)   Eb6 9
  Quan_____ta dor há den___tro dele
Em7(b5)   A7(b13)
  Dor de amor quando não passa
  D7(b9)   Gm   Gm(b6) Gm6 Gm(b6) Gm
É porque o amor valeu

♩ = 65
Guitarra
Gm
Gm(♭6)
Gm6
Gm(♭6)
1.
Gm(♭6)
2.
Gm
Voz
Ah!
Gm(M7) Gm7 Gm6 Gm7
Quan - ta dor ve - jo em teus o - lhos Tan - to pran - to em teu sor - ri -
Gm Cm7 F7/C Cm7
-so Tão va - zi - as as tu - as mãos De on - de vens as - sim can - sa - do?
Cm/B♭ Am7(♭5) D7(♭9) G7 D♭7(9 ♯11)
De que dor, de qual dis - tân - cia? De que ter - ras, de que mar?
Dm7(♭5) G7/4(♭9) Dm7(♭5) G7(♭13) Cm7
Só quem par - tiu po - de vol - tar E eu vol - tei pra te con - tar
Cm/B♭ Em7(♭5) A7(♭13)
Dos ca - mi - nhos on - de an - dei Fiz do ri - so a - mar -

Dm7(♭5) G7(♭13) Cm7 Cm/B♭ Am7(♭5) D7(♯9)
34 -go pran to Do o - lhar sem - pre os teus o lhos no pei - to a - ber -
Gm Gm(♭6) Gm6 Gm7 Gm(M7)
38 -to u - ma can - ção Se eu pu - des se de re pen - te Te mos - trar meu co ra - ção
Gm Cm7 F7/C Cm7
43 Sa - be - ri - as num mo - men to Quan ta dor há den tro de le
Cm/B♭ Am7(♭5) D7(♭9) G7 D♭7(9 ♯11)
47 Dor de a - mor quan - do não pas - sa É por - que o a - mor va- leu
Ao 𝄋 e ⊕
Gm Cm7(9) Dm7(9)
52 Sa - be - ri - as num mo - men to Quan ta dor há den
E♭6/9 Em7(♭5) A7(♭9 13)
55 -tro de le Dor de a - mor quan - do não pas sa É
D7(♭9) Gm Gm(♭6)
58 por - que o a - mor va - leu
Guitarra
Gm6 Gm(♭6) Gm
62

Fascinação

F. D. MARCHETTI e M. DE FERAUDY
Versão: ARMANDO LOUZADA

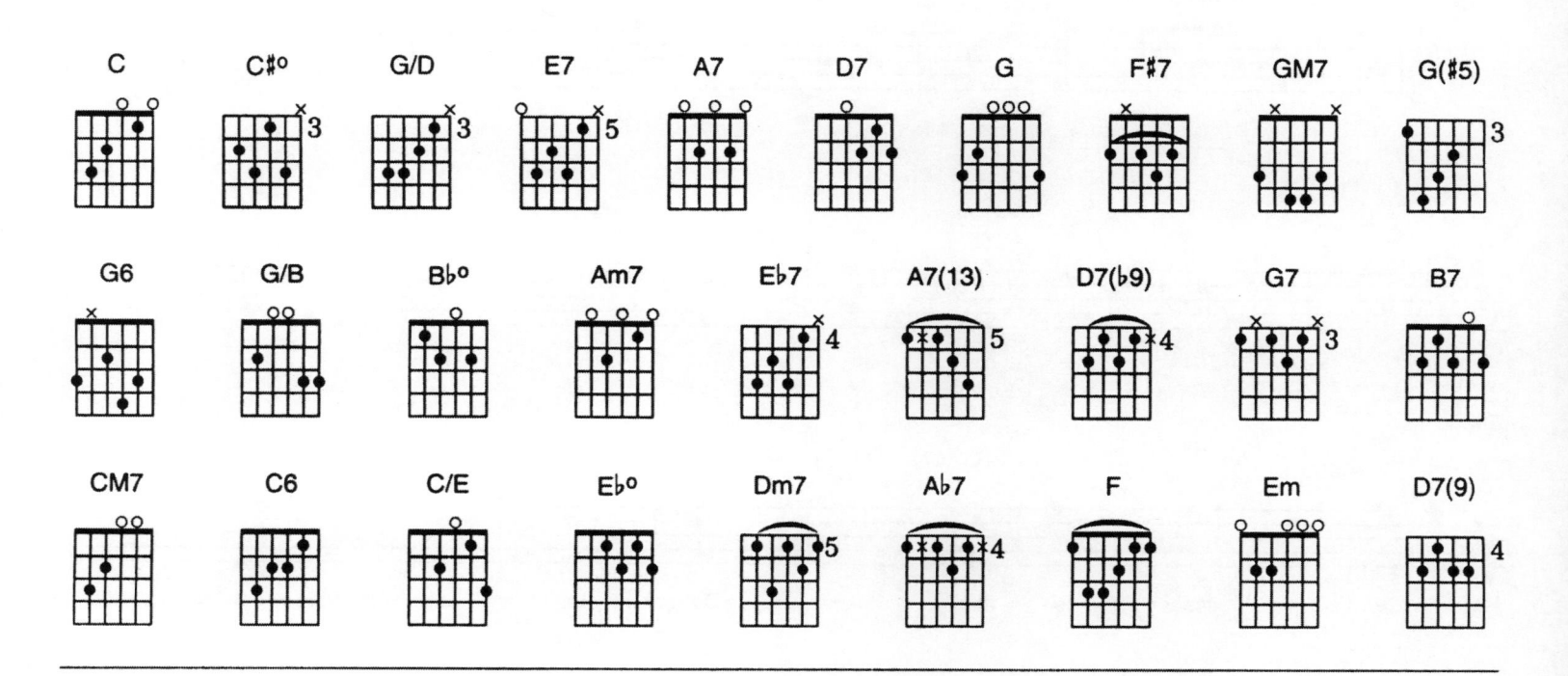

[Chord diagrams: C, C#º, G/D, E7, A7, D7, G, F#7, GM7, G(#5), G6, G/B, Bbº, Am7, Eb7, A7(13), D7(b9), G7, B7, CM7, C6, C/E, Ebº, Dm7, Ab7, F, Em, D7(9)]

Introdução: **C C#º G/D E7 A7 D7 G**

  D7   **G F#7 GM7 G(#5)**
  Os sonhos mais lindos sonhei

  G6   **G/B**   **Bbº** **Am7 D7**
  De quimeras mil um castelo ergui

        Am7
  E no teu olhar

  Tonto de emoção

                      A7   **Eb7 D7**
  Com sofreguidão mil venturas previ

             G F#7 GM7
  O teu corpo é luz,   sedução

  G6   **G/B Bbº**   **Am7**
  Poema divino cheio de esplendor

  D7   **C**   **Am7**   **A7(13) A7**
  Teu sorriso prende, inebria, entonte____ce

           Am7 D7(b9) G
  És fascinação, a_____mor

Instrumental: **G7 C B7 CM7 C6 C/E Ebº Dm7 D7**
Ab7 G7 C B7 CM7 C6 C/E Ebº Dm7 F Em
Dm7 D7(9) Dm7 G7 C6

Fascinação

F. D. MARCHETTI e M. DE FERAUDY
Versão: ARMANDO LOUZADA

♩ = 100

Os so - nhos mais lin - dos so - nhei De qui - me - ras mil um cas - te - lo er - -gui E no teu o - lhar Ton - to de e - mo - ção Com so - fre - gui - dão mil ven - tu - ras pre - vi (ih) O teu cor - po é luz se - du - ção Po - e - ma di - vi - no chei - o de es - plen - -dor Teu sor - ri - so pren - de, i - ne - bri - a, en - ton -

© Copyright by SOUTHERN MUSIC PUBLISHING CO. INC.
© Copyright 1951 para o Brasil by IRMÃOS VITALE S/A Ind. e Com. - São Paulo - Brasil.
Todos os direitos autorais reservados para todos os países. *All rights reserved.*

-te- ce És fas-ci-na-ção, a- mor

Instrumental

(2ª vez) Fade out

O mestre sala dos mares

JOÃO BOSCO e
ALDIR BLANC

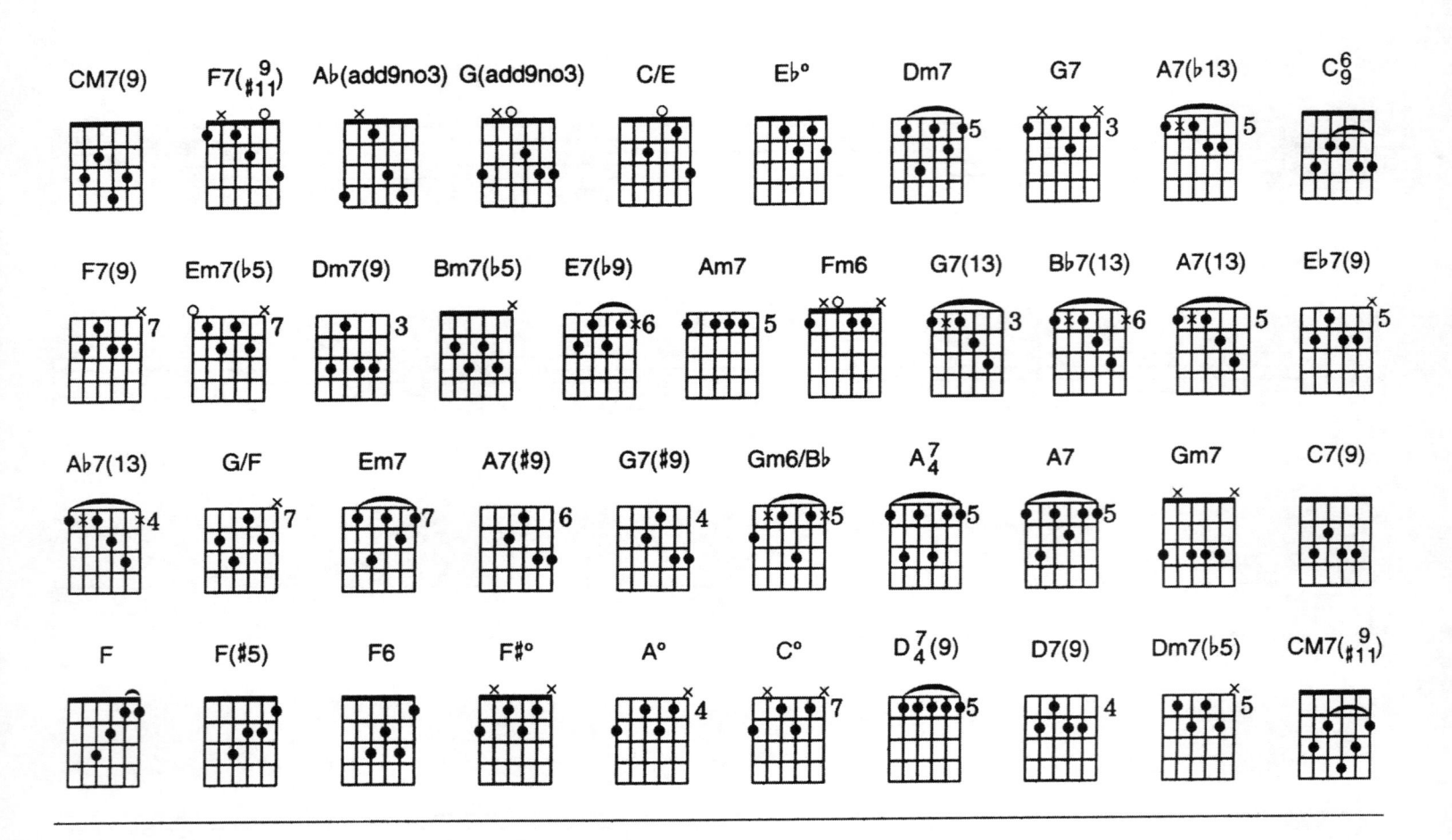

Introdução: **CM7(9) F7(9 #11) CM7(9) Ab(add9no3) G(add9no3)**

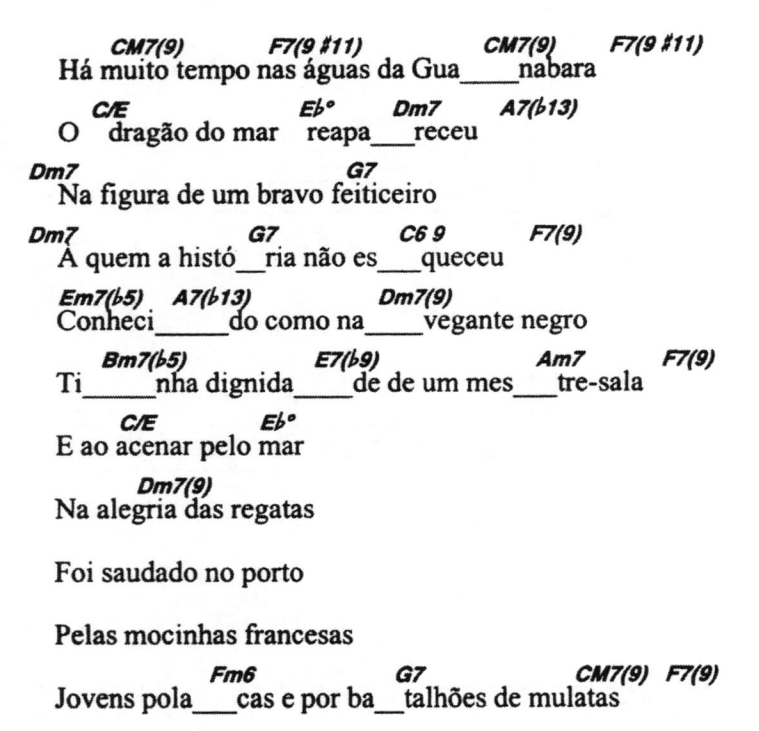

     CM7(9)   **F7(9 #11)**   **CM7(9)**   **F7(9 #11)**
Há muito tempo nas águas da Gua____nabara
  C/E   **Eb°**   **Dm7**   **A7(b13)**
O   dragão do mar reapa___receu
Dm7   **G7**
Na figura de um bravo feiticeiro
Dm7   **G7**   **C6 9**   **F7(9)**
A quem a histó__ria não es___queceu
Em7(b5) **A7(b13)**   **Dm7(9)**
Conheci_____do como na____vegante negro
   Bm7(b5)   **E7(b9)**   **Am7**   **F7(9)**
Ti_____nha dignida____de de um mes___tre-sala
  C/E   **Eb°**
E ao acenar pelo mar
   Dm7(9)
Na alegria das regatas

Foi saudado no porto

Pelas mocinhas francesas
     Fm6   **G7**   **CM7(9) F7(9)**
Jovens pola____cas e por ba__talhões de mulatas

    Em7(b5) A7(b13)   Dm7(9)
Ru____bras casca____tas
        Bm7(b5)   E7(b9)   Am7   F7(9)
Jorra____vam das costas dos santos entre can____tos e chibatas
  C/E   Eb°   Dm7(9)
Inundan__do o coração

Do pessoal do porão
         Fm6   G7   CM7(9)   G7(13)
Que a exem____plo do feiti____ceiro grita____va então

  CM7(9) Bb7(13) A7(13) Eb7(9) Dm7(9)
Gló____ria   aos   pi____ratas
  Ab7(13) G7(13) G/F   Em7 A7(#9) Dm7 G7(#9)
Às   mula____tas, às serei____as
  CM7(9) Bb7(13) A7(13) Eb7(9) Dm7(9)
Gló____ria   à   fa____rofa
  Ab7(13) G7(13) G/F   Em7 Dm7 CM7(9)
À   cacha____ça, às balei____as

Gm6/Bb   A7 4 A7 Gm6/Bb
  Glória a todas as lutas inglórias
 A7 4 A7   Gm6/Bb
  Que através da nossa história
  Gm7   C7(9)   F F(#5) F6 F(#5)
Não esquecemos jamais

  F#° A° C°   F#°   Em7(b5)
Sal_ve   o navegan__te ne____gro
 A7(13)   A7(b13)   D7 4(9) D7(9)
  Que tem por   monumen____to
   Dm7(b5) G7   C6 9
As pedras pisadas do cais
     C7(9)
 Mas sal____ve

  F#° A° C°   F#°   Em7(b5)
Sal_ve   o navegan__te ne____gro
 A7(13)   A7(b13)   D7 4(9) D7(9)
  Que tem por   monumen____to
   Dm7(b5) G7   CM7(9 #11)
As pedras pisadas no cais

Mas faz muito tempo

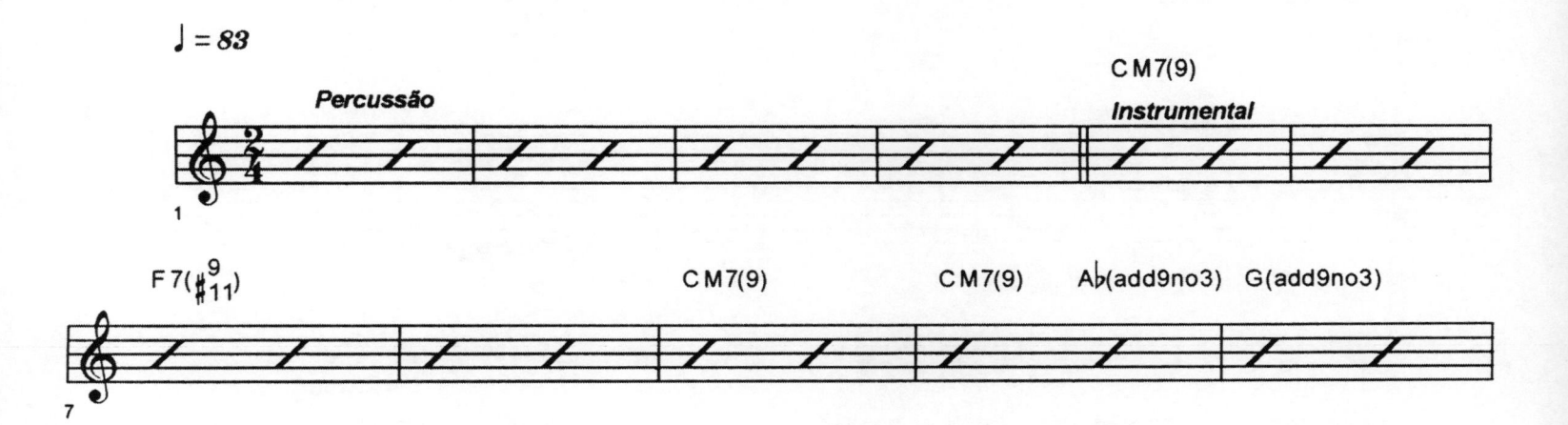

© Copyright 1974 by BMG MUSIC PUBLISHING BRASIL LTDA.
Todos os direitos autorais reservados para todos os países. *All rights reserved.*

Há muito tempo nas águas da Guanabara
O dragão no mar reapareceu
Na figura de um bravo feiticeiro
À quem a história não esqueceu
Conhecido como navegante negro
Tinha dignidade de um mestre-sala
E ao acenar pelo mar
Na alegria das regatas
Foi saudado no porto
Pelas mocinhas francesas
Jovens polacas e por ba-

\- ta - lhões___ de mu - la - tas

Ru - bras___ cas - ca___ - tas___ Jor - ra___ - vam das cos - tas dos

san - tos en___ - tre can___ - tos e chi - ba___ - tas I - nun - dan___

__ - do o co___ - ra - ção___ Do pes - so - al do po - rão Que a___ e - xem -

__ - plo do___ fei - ti - cei - ro___ gri - ta___ - va en - tão___

Gló - ria aos pi - ra - tas Às___ mu - la -
Gló - ria à fa - ro - fa À___ ca - cha -

___ - tas___ às___ se - rei - as___
___ - ça___

às___ ba - lei___ - as___ Gló - ria

a to - das as lu - tas in - gló - rias

Que a tra - vés da nos - sa his - tó - ria

Não es - que - ce - mos ja - mais

Sal - ve o na - ve - gan - te ne -

-gro Que tem por mo - nu - men -

-to As pe - dras pi -

-sa - das do cais Mas sal - ve

Mas faz mui - to tem - po

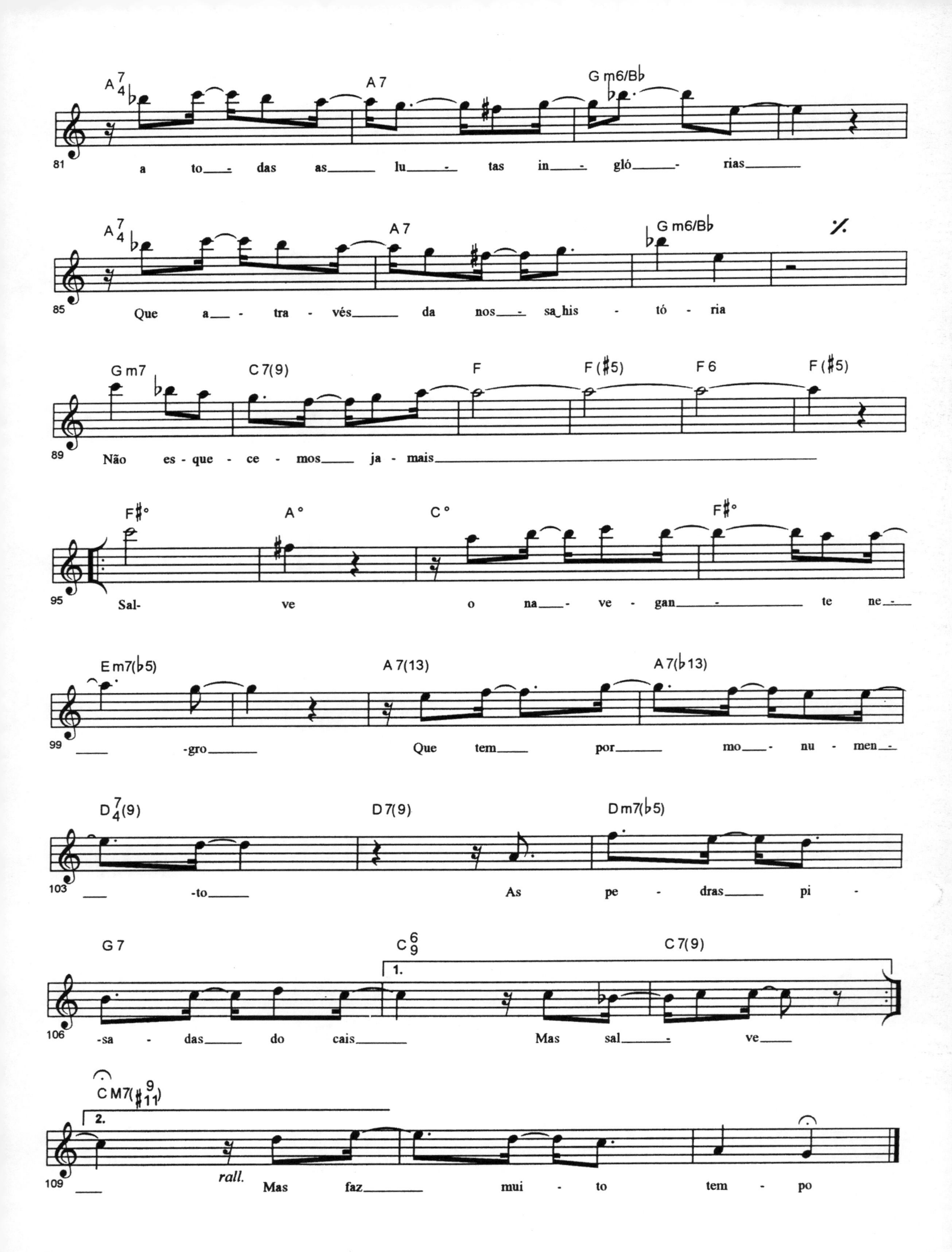

Alô! Alô! Marciano

RITA LEE e
ROBERTO DE CARVALHO

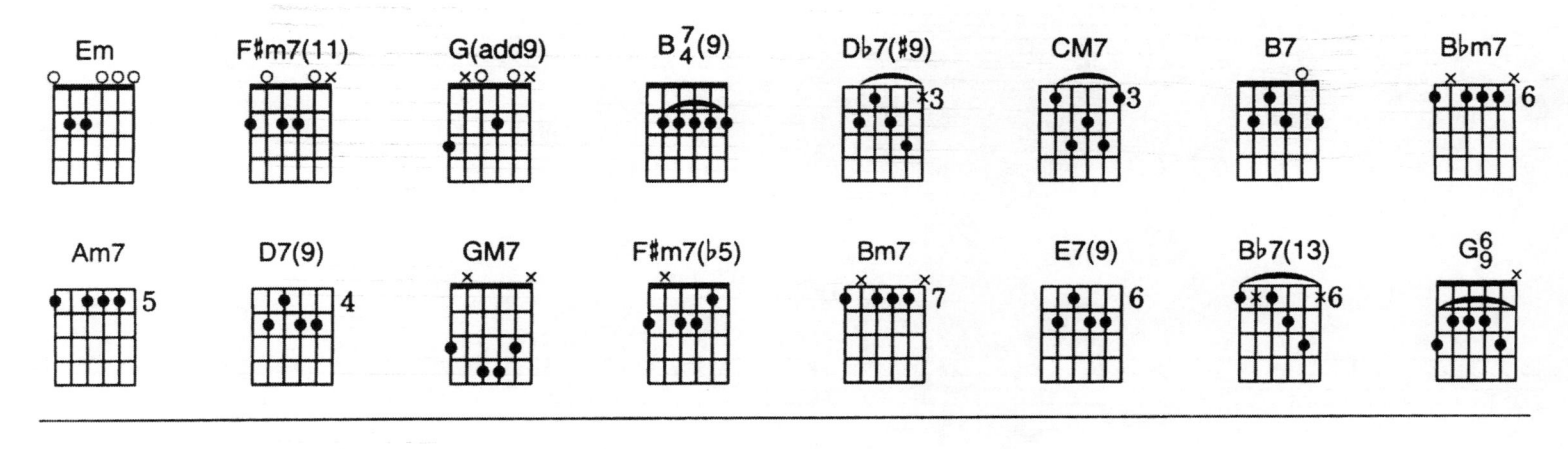

[Chord diagrams: Em, F#m7(11), G(add9), B7/4(9), Db7(#9), CM7, B7, Bbm7, Am7, D7(9), GM7, F#m7(b5), Bm7, E7(9), Bb7(13), G6/9]

Introdução (2 Xs): Em F#m7(11) G(add9) F#m7(11)

  Em   B7 4(9)
Alô, alô marcia____no
      Em   B7 4(9)
Aqui quem fala é da ter____ra
  Em   B7 4(9)
Pra variar estamos em guerra
  Em   Db7(#9)   CM7
Você não imagina a loucu____ra do ser huma___no
        B7 4(9)   B7
Tá na maior fis____sura porque
  Em   Bbm7
Tá cada vez mais down   no high society

REFRÃO:
  Am7   D7(9)   GM7   CM7
Down, down, down no high   socie____ty
  F#m7(b5)   B7   Em   Db7(#9)
Down, down, down no high   socie____ty
  CM7   Bm7   E7(9)
Down, down, down no high   socie____ty
  Am7   D7(9)
Down, down, down

Introdução

  Em   B7 4(9)
Alô, alô marcia____no
       Em   B7 4(9)
A crise   tá virando zona
     Em
Ca__da um por si
     B7 4(9)
Todo mundo na lona
   Em   Db7(#9)
E lá se foi a mordomi____a
         CM7   B7 4(9) B7
Tem muito rei   aí pedindo alforri____a porque
  Em   Bbm7
Tá cada vez mais down   no high society

Refrão

Introdução

  Em   B7 4(9)
Alô, alô marcia____no
    Em   B7 4(9)
A coisa tá ficando rus____sa
  Em
Muita patrulha
  B7 4(9)
Muita bagunça
   Em   Db7(#9)
O muro começou a pichar
            CM7   B7 4(9) B7
Tem sempre um   aiatolá pra atolar   Alá
  Em   Bbm7
Tá cada vez mais down   no high society

Refrão

Alô, alô marciano
Aqui quem fala é da terra *(etc.)*
...Tá cada vez mais down no high society

  CM7   Bm7   Bb7(13)
Down, down, down no high   socie___ty
  Am7   D7(9)   GM7   Db7(#9)
Down, down, down no high   society

Improviso vocal (5 Xs): CM7 Bm7 Bb7(13) Am7
                                      D7(9) GM7 Db7(#9)

Final:
CM7 Bm7 Bb7(13) Am7   G6 9
                    Down, down, down

Alô! Alô! Marciano

RITA LEE e
ROBERTO DE CARVALHO

♩ = 65

A - lô, a - lô mar - ci - a - no   A - qui quem fa - la é da ter -
A - lô, a - lô, mar - ci - a - no   A cri - se tá vi - ran - do zo -
A - lô, a - lô, mar - ci - a - no   A coi - sa tá fi - can - do rus -

— -ra   Pra va - ri - ar   es - ta - mos em guer - ra   Vo -
— -na   Ca - da um por si   To - do mun - do na lo - na   E
— -sa   Mui - ta pa - tru - lha Mui - ta ba - gun - ça   O

-cê não i - ma - gi - na a lou - cu - ra do ser — hu - ma — no   Tá na mai - or fis - su —
lá se foi a mor - do - mi - a   Tem mui - to rei — a - í pe - din - do al - for - ri —
mu - ro co - me - çou a pi - char   Tem sem - pre um — ai - a - to - lá pra a to - lar

— -ra por - que   Tá ca - da vez mais down no high so - cie - ty
— -a por - que
        A - lá

© Copyright 1980 by WARNER CHAPPELL EDIÇÕES MUSICAIS LTDA.
Todos os direitos autorais reservados para todos os países. *All rights reserved.*

Am7 D7(9) GM7 CM7 F♯m7(♭5) B7 Em D♭7(♯9)
17
Down, down, down no high so - cie - ty Down, down, down no high so - cie - ty
CM7 Bm7 E7(9) Am7 D7(9)
21
Down, down, down no high so - cie - ty Down, down, down
D.C. 3x e
(3ª volta: 1ª letra)
CM7 Bm7 B♭7(13) Am7 D7(9) GM7 D♭7(♯9)
24
Down, down, down no high so - cie - ty Down, down, down no high so - cie - ty
CM7 Bm7 B♭7(13)
5X
Improviso vocal
28
Am7 D7(9) GM7 D♭7(♯9)
30
CM7 Bm7 B♭7(13)
32
Am7 N.C. G 6 9
34
Down, down, down... Ah!

Saudosa maloca

ADONIRAN BARBOSA

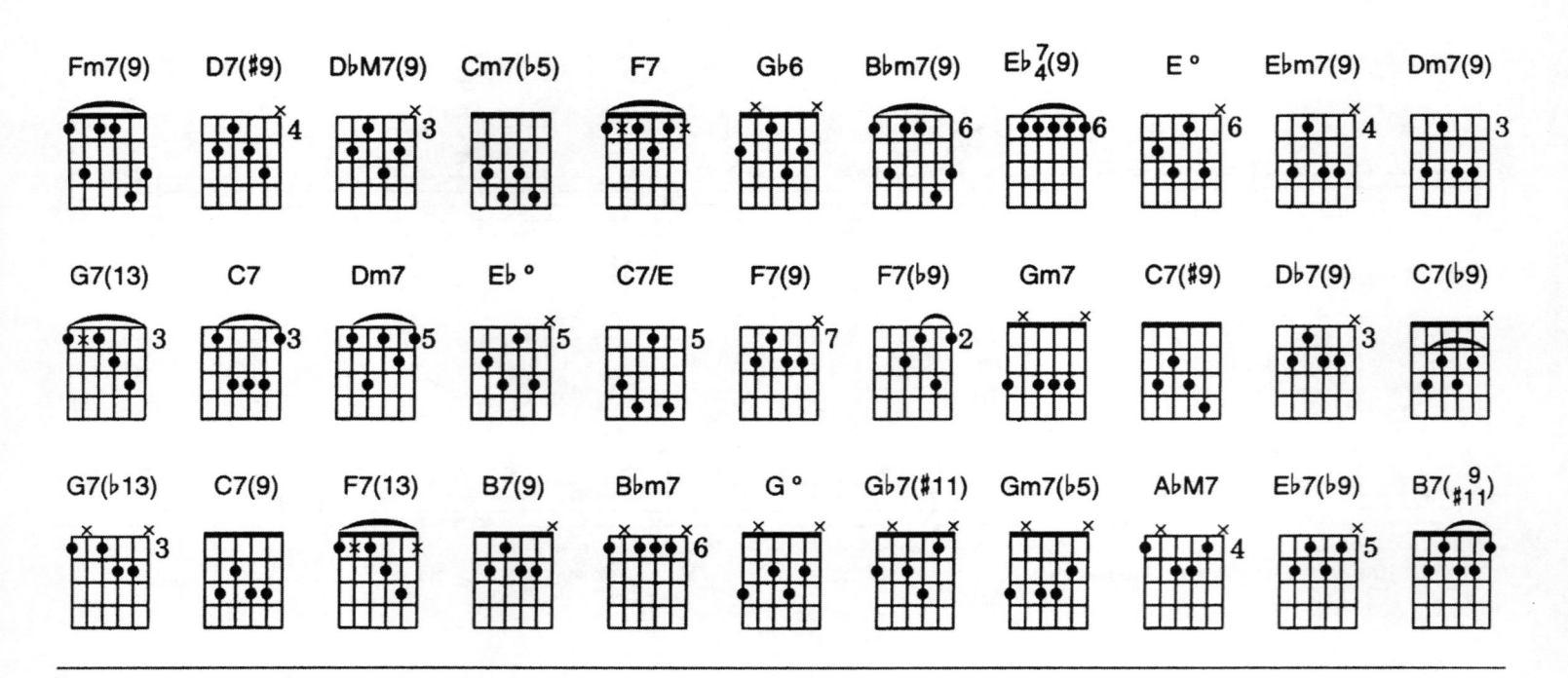

[Chord diagrams: Fm7(9), D7(#9), DbM7(9), Cm7(b5), F7, Gb6, Bbm7(9), Eb7/4(9), E°, Ebm7(9), Dm7(9), G7(13), C7, Dm7, Eb°, C7/E, F7(9), F7(b9), Gm7, C7(#9), Db7(9), C7(b9), G7(b13), C7(9), F7(13), B7(9), Bbm7, G°, Gb7(#11), Gm7(b5), AbM7, Eb7(b9), B7(9/#11)]

Fm7(9)
Se o senhô não tá lembrado
           D7(#9)   **DbM7(9)**
Dá licença de   contar
  Cm7(b5)   **F7**
Ali onde agora está
  Cm7(b5)   **F7**
Es____se edificio arto
        Gb6   **F7**   **Bbm7(9)**
Era uma casa velha um palacete assobradado
      Eb7 4(9)
Foi ali seu moço
E°   **Fm7(9)**
Que eu, Matogrosso e o Joca
 Ebm7(9) Dm7(9) **G7(13)**   **C Dm7 Eb°**
Construímo   nossa maloca
 C7/E   **Cm7(b5)**
Mas um di____a
     F7(9)   **F7(b9)**
Nóis nem pode se a___lembrá
Bbm7(9) **Gm7**   **C7(#9)** **Fm7(9)**
Veio os homi com as   ferramenta
  D7(#9) **Db7(9) C7(b9) Fm7(9) G7(13)**
O dono mandou dirru___bá

 G7(b13) C7(9) C7(b9)   **Fm7(9)**
Peguemo todas nossas coisa
              Cm7(b5) **F7(13) B7(9)**   **Bbm7**
E fumo pro meio da ru__a aperciá a de___molição
     E7 4(9) **G°**   **Gb7(#11)**
Que tristeza que nóis sentia
Fm7(9)   **Ebm7(9) Dm7(9)**
Cada táuba que caía

	G7(13)	C
	Doía no coração	

Dm7   Eb°   C7/E   DbM7(9)
Matogrosso quis   gritá

      Gm7(b5)   Gb7(#11) Fm7(9)
Mas   em cima eu falei

              Cm7(b5)
Os homi tá com a razão

    F7(b9)   Bbm7(9)
Nóis arranja outro lugar

              Eb7 4(9)
Só se conformemo

           AbM7   D7(9)
Quando o Joca falou

DbM7(9)   Dm7(9) G7(13)   C7(9)
Deus dá o frio conforme o cobertor

  C7(b9)   Fm7(9)
E hoje nóis pega as   paia

     Eb7(b9)   AbM7   D7(9)
Nas gra___ma dos jardim

DbM7(9)   G7(13)   C7(9)   B7(9 #11)
E pra esquecê nóis cantemo assim

                Bbm7(9)
Saudosa malo___ca

Eb7 4(9)   AbM7
Maloca querida

BIS {
      DbM7(9)   G7(13)
Que din donde nóis passe___mo

  C7(9)   B7(9 #11)
Dias feliz da nossa vida
}

Vocalize (2 Xs): Bbm7(9) Eb7 4(9) AbM7
                        DbM7(9) G7(13) C7(9) B7(9 #11)

Instrumental: DbM7(9) Bbm7 Gm7(b5) C7(9) Fm7(9)

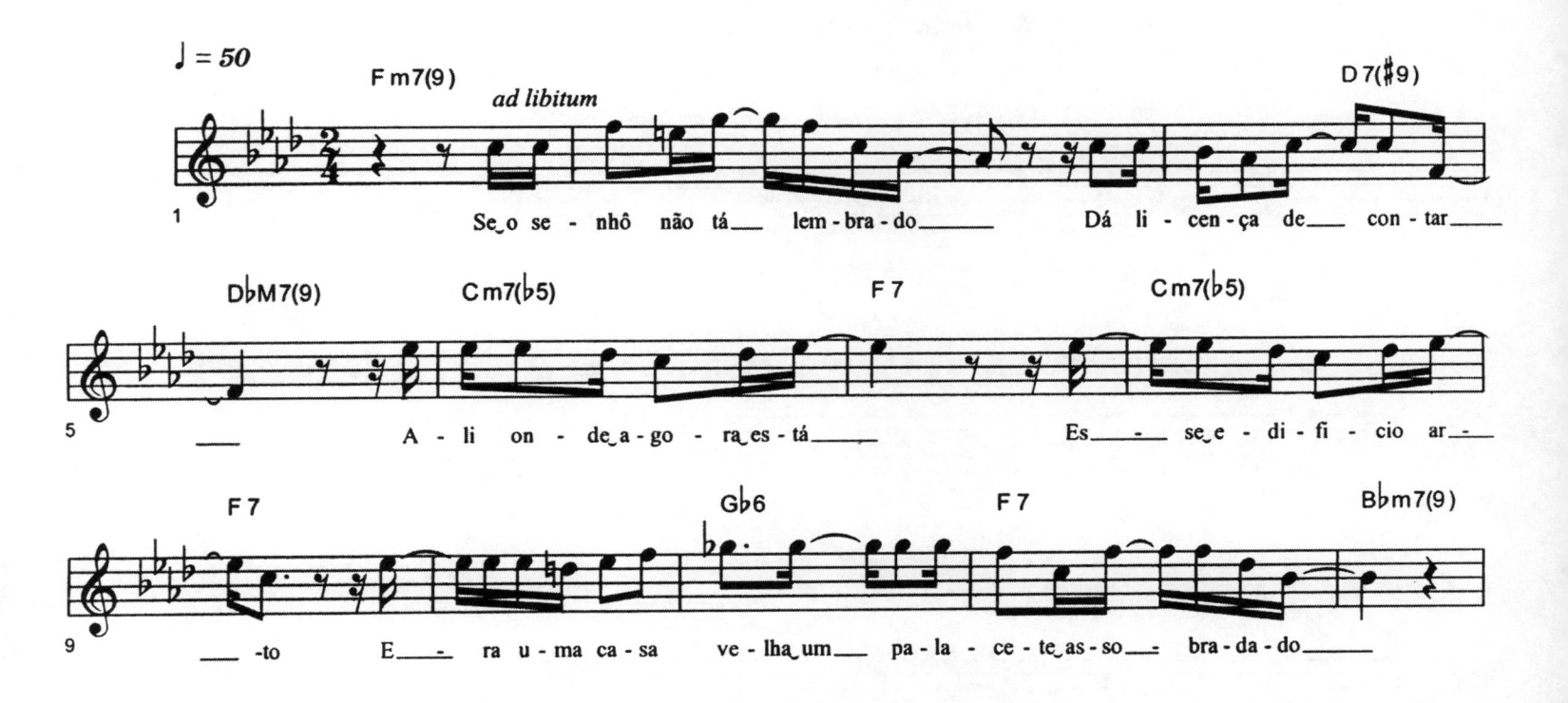

♩ = 50

Se o senhô não tá___ lem-bra-do___ Dá li-cen-ça de__ con-tar___ A-li on-de a-go-ra es-tá___ Es__ se e-di-fi-cio ar___-to E__ ra u-ma ca-sa ve-lha um__ pa-la-ce-te as-so__-bra-da-do___

© Copyright 1955 by IRMÃOS VITALE S/A Ind. e Com. - São Paulo - Brasil.
Todos os direitos autorais reservados para todos os países. *All rights reserved.*

Sheet music — lyrics by measure:

m.14–18: Foi a-li___ seu mo-ço___ Que eu Ma-to-gros-so e o Jo-ca Cons-tru-
m.19–22: -í-mo nos-sa ma-lo-ca Mas um
m.23–26: di-a Nóis nem po-de se a-lem-brá___ Vei-o os ho-mi com as___ fer-ra-
m.27–30: -men-ta O do-no man-dou dir-ru-bá
m.31–34: Pe-gue-mo to-das nos-sas coi-sa E fu-mo pro mei-o da ru-
m.35–39: -a a per-ci-á a de-mo-li-ção___ Que tris-te-za que
m.40–44: nóis sen-ti-a___ Ca-da táu-ba que ca-í-a___ Do-í-a no co-ra-ção
m.45–49: Ma-to-gros-so quis___ gri-tá___ Mas em ci-ma eu___ fa-lei

Chords above staves:
m.14–18: Eb7/4(9), E°, Fm7(9), Ebm7(9)
m.19–22: Dm7(9), G7(13), C Dm7 Eb° C7/E
m.23–26: Cm7(b5), F7(9), F7(b9), Bbm7(9), Gm7, C7(#9)
m.27–30: Fm7(9), D7(#9), Db7(9) C7(b9), Fm7(9), %
(rall.)
a tempo
m.31–34: G7(13) G7(b13), C7(9), C7(b9), Fm7(9)
m.35–39: Cm7(b5), F7(13), B7(9), Bbm7, Eb7/4(9)
m.40–44: G°, Gb7(#11), Fm7(9), Ebm7(9), Dm7(9), G7(13)
m.45–49: C Dm7 Eb° C7/E, DbM7(9), Gb7(#11)

Lyrics

Os ho-mi tá com a ra-zão
Nóis ar-ran-ja ou-tro lu-gar
Só se con-for-me-mo
Quan-do o Jo-ca fa-lou
Deus dá o fri-o con--for-me o co--ber-tor
E ho-je nóis pe-ga as pai-a
Nas gra--ma dos jar--dim
E pra es-que-cê nóis can-te-mo as-sim
Sau-do--sa ma-lo--ca
Ma-lo--ca que-ri--da Que din-don-de nóis pas-se--mo Di-as fe-liz da nos-sa vi-da

Vocalize

Instrumental

Águas de março

ANTONIO CARLOS JOBIM

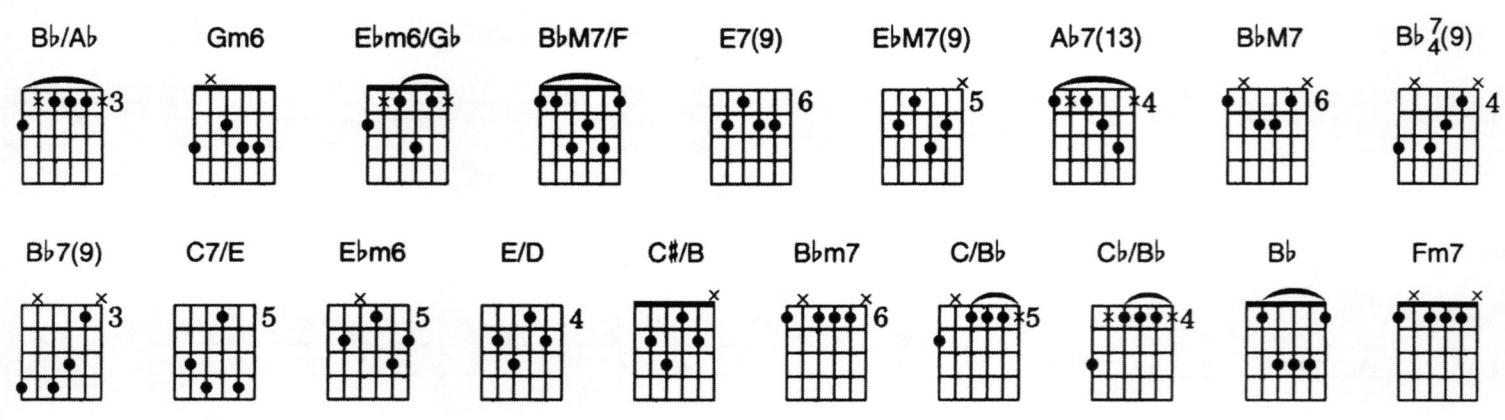

Introdução: **Bb/Ab**

    É pau é pedra
               Gm6
    É o fim do cami__nho
             Ebm6/Gb
    É um resto de to___co
            BbM7/F
    É um pouco sozi__nho
           E7(9)
    É um caco de vi___dro
          EbM7(9)
    É a vida é o sol
          Ab7(13)
    É a noite é a mor___te
         BbM7
    É o laço é anzol
         Bb7 4(9)
    É peroba do cam___po
   Bb7(9)   *C7/E*
    É o nó da madei___ra
   Em6
    Caingá candeia
        BbM7
    É o Matita Pere___ra
             Bb7 4(9)   *Bb7(9)*   *C7/E*
    É madeira de ven____to tombo da ribanceira
   Em6
    É o mistério profundo
           BbM7
    É o queira ou não quei___ra
         Bb/Ab
    É o vento ventando
         Gm6
    É o fim da ladei__ra
    É a viga é o vão
Ebm6/Gb
    Festa da cumeeira

    BbM7/F   *E7(9)*
    É a chuva choven____do é conversa ribeira
    EbM7(9)   *Ab7(13)*
    Das águas de mar___ço
            BbM7
    É o fim da canseira

         Bb/Ab
    É o pé, é o chão
          Gm6
    É a marcha estradei___ra
     Ebm6/Gb   *BbM7/F*
    Passarinho na mão, pedra de atiradei___ra
    É uma ave no céu,
Bb7 4(9) *Bb7(9)*
    É uma ave no chão
C7/E   *Ebm6*
    É um regato é uma fon___te
    É um pedaço de pão
BbM7   *Bb/Ab*
    É o fundo do po___ço
    É o fim do caminho
Gm6   *Ebm6/Gb*
    No rosto o desgos_____to
    É um pouco sozinho
BbM7/F   *E7(9)*
    É um estrepe, é um prego,
        EbM7(9)
    É uma ponta, é um ponto
       Ab7(13)
    É um pingo pingando
          BbM7
    É uma conta é um conto

                        Bb7 4(9)
    É um peixe é um ges____to
         Bb7(9)   C7/E
    É uma prata brilhan___do
                    Ebm6   BbM7
    É a luz da manhã,   é o tijolo chegan___do
              Bb/Ab   Gm6
    É a lenha, é o di__a, é o fim da pica__da
              Ebm6/Gb   BbM7
    É a garrafa de ca___na, estilhaço na estra__da
                 Bb7 4(9)   Bb7(9)   C7/E
    É o projeto da ca____sa é o cor___po na ca__ma
              Ebm6   BbM7
    É o carro enguiça___do é a lama é a la__ma
           Bb/Ab
    É um passo é uma ponte
                Gm6
    É um sapo é uma rã
                Ebm6/Gb
    É um resto de ma___to

    Na luz da manhã
    BbM7/F   E7(9)   EbM7(9)
    São as águas de março fechando o verão
                   Ab7(13)
    E a promessa de vi____da no seu coração

Instrumental: **BbM7 E/D C#/B Bb/Ab Gm6 Ebm6/Gb BbM7/F**
E7(9) EbM7(9) Ab7(13) BbM7 Bb/Ab Gm6 Ebm6/Gb

    BbM7/F
    É uma cobra é um pau
    Bb7(13)
    É João é José
    C7/E
    É um espinho na mão
    Ebm6
    É um corte no pé
    BbM7   Bbm7   C/Bb
    São as águas de mar___ço fechando o verão
              Cb/Bb   BbM7
    E a promessa de vi___da no seu coração

                    Fm7
    É pau é pe___dra
         Bb7(9)   C7/E
    É o fim do cami___nho
                Ebm6
    É um resto de to___co
                      BbM7
    É um pouco sozi___nho
                       Bbm7
    É um passo é uma pon____te

    É um sapo é uma rã
    C/Bb   Cb/Bb
    É um Belo Horizon___te

    É uma febre terçã
    Bb   Bbm7   C/Bb
    São as águas de março fechando o verão
               Cb/Bb   Bb
    E a promessa de vida no seu coração

           Fm7
    Au edra
      Bb7(9) EbM7(9)
    Im   inho
           Ab7(13)
    Esto oco
          BbM7
    Ouco inho
          Bb7(9)
    Aco idro
           EbM7(9)
    Ida ol
           Ab7(13)
    Oite orte
           BbM7
    Aço zol
                        Bb7 4(9)
    São as águas de mar____ço fechando o verão
    C7/E   Ebm6
    E a promessa de vi___da no seu coração

Improviso vocal: **BbM7 Bb7(9) C7/E Ebm6 BbM7**
Bbm7 C/Bb Cb/Bb Bb Bbm7 C/Bb Cb/Bb Bb

-nho É um caco de vi— dro É a vida, é o sol É a noi— te, é a morte É o laço, é anzol

Duo de voz (pergunta e resposta)

É peroba do cam— po
É o nó da madei— ra
Caingá candeia
É o Matita-pere—

É madeira de ven— to
tombo da ribanceira
É o mistério profun— do
É o queira, ou não quei—

—ra

É o vento ventan— do É o fim da ladei— ra É a viga, é o vão Festa da cumeeira

—ra

É a chuva choven— do, é conver— sa ribei— ra Das águas de mar— ço É o fim da can-

É o pé, é o chão
—seira
Passarinho na mão,
É a marcha estradei— ra
pedra de atiradei—

É uma ave no céu,
É uma ave no chão
É um regato, é uma fon— te
É um pedaço de pão

37 | BbM7 — É o fun-do do po — ço | Bb/Ab — É o fim do ca-mi-nho | Gm6 — No ros-to o des-gos — to | Ebm6/Gb — É um pou-co so-zi-nho

41 | BbM7/F — É um es-tre-pe, é um pre-go, | E7(9) — É u-ma pon-ta, é um pon-to | EbM7(9) — É um pin-go pin-gan-do | Ab7(13) — É u-ma con-ta é um con-

45 | BbM7 — -to É um pei-xe é um ges — to | Bb7(9)/4 · Bb7(9) — É u-ma pra-ta bri-lhan — do | C7/E — É a luz da ma-nhã, | Ebm6 — é o ti-jo-lo che-gan-

49 | BbM7 — É a le-nha, é o di — a, | Bb/Ab — é o fim da pi-ca — da | Gm6 — É a gar-ra-fa de ca — na, | Ebm6/Gb — es-ti-lha-ço na es-tra —

53 | BbM7 — -do -da É o pro-je-to da ca — sa | Bb7(9)/4 · Bb7(9) — é o cor — po na ca — ma | C7/E — É o car-ro en-gui-ça — do | Ebm6 — é a la — ma é a la-

57 | BbM7 — -ma É um pas-so é u-ma | Bb/Ab — É um sa-po é u-ma pon-te | Gm6 — É um res-to é u-ma rã | Ebm6/Gb — Na luz de ma — to da ma-nhã

61 | BbM7/F — São as á-guas de mar-ço | E7(9) — fe-chan-do o ve-rão | EbM7(9) — E a pro-mes-sa de vi — da | Ab7(13) — no seu co-ra-ção

B♭M7 Instrumental
E/D
C♯/B
B♭/A♭
G m6
E♭m6/G♭
B♭M7/F
E 7(9)
E♭M7(9)
A♭7(13)
B♭M7
B♭/A♭
G m6
E♭m/G♭
B♭M7/F Voz
É‿u - ma co - bra‿é um pau
B♭7(13)
C 7/E
E♭m6
B♭M7
é Jo - sé na mão no pé São as á - guas de mar
É Jo - ão É um‿es - pi - nho É um cor - te
B♭m7
C/B♭
C♭/B♭
Duo de voz
B♭M7
-ço fe - chan - do‿o ve - rão E‿a pro - mes - sa de vi - da no seu co - ra - ção é pe
É pau
F m7
B♭7(9)
C 7/E
E♭m6
B♭M7
-dra do ca - mi - nho de to - co so - zi - nho É-um pas-so‿é‿u-ma pon
É‿o fim É um res - to É um pou - co

Bbm7 C/Bb Cb/Bb Bb
93
-te É um Be-lo Ho-ri-zon- te São as á-guas de
É um sa-po é u-ma rã É u-ma fe-bre ter-çã
Bbm7 C/Bb Cb/Bb Bb
97
mar-ço fe-chan-do o ve-rão É a pro-mes-sa de vi-da no seu co-ra-ção Au
Fm7 Bb7(9) EbM7(9) Ab7(13) BbM7
101
Im Es-to Ou-co A-co
e-dra i-nho o-co i-nho
Bb7(9) EbM7(9) Ab7(13) BbM7
105
I-da Oi-te A-ço São as á-guas de mar-
i-dro ol or-te zol
Bb7 4(9) C7/E Ebm6
109
-ço fe-chan-do o ve-rão É a pro-mes-sa de vi- da no seu co-ra-ção
BbM7 Bb7(9) C7/E Ebm6
Improviso vocal
112
BbM7 Bbm7 C/Bb Cb/Bb Bb
116
Bbm7 C/Bb Cb/Bb Bb
Instrumental
121

Me deixa em paz

IVAN LINS e
RONALDO MONTEIRO DE SOUZA

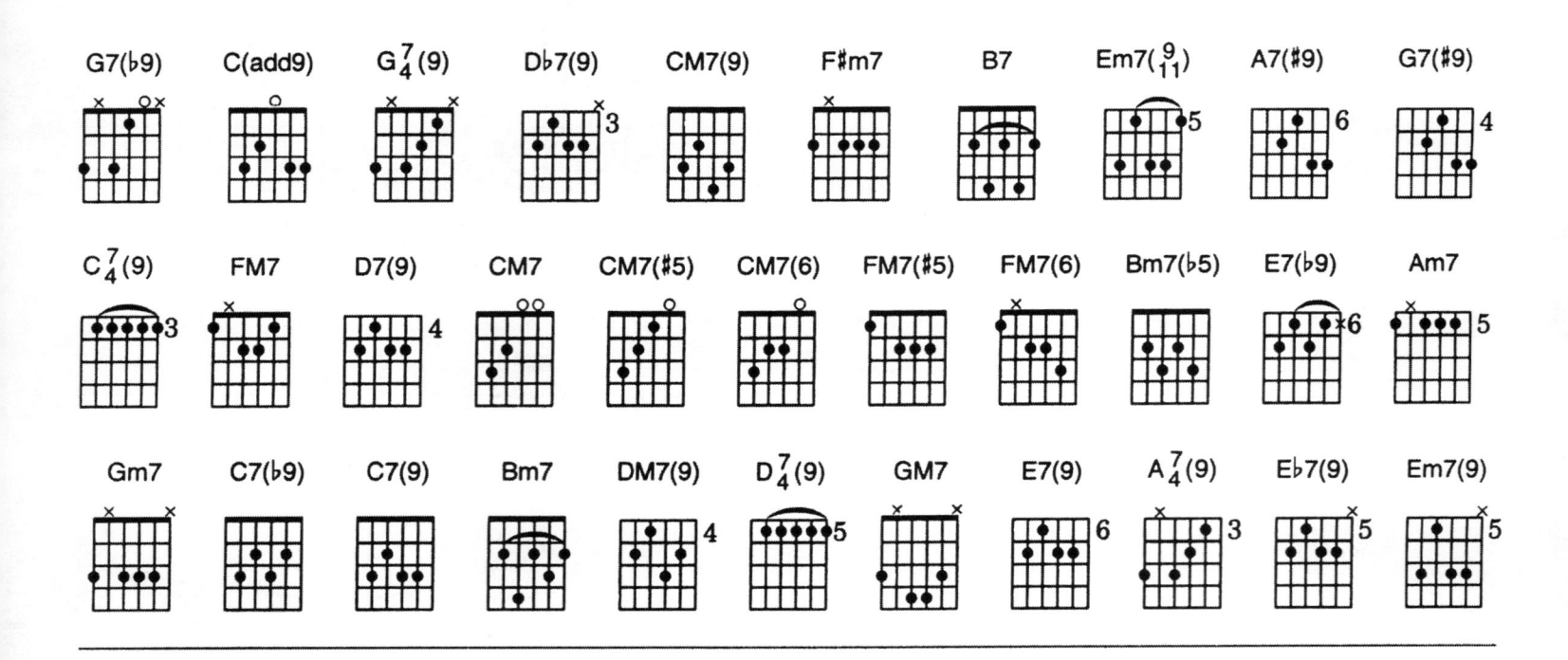

Introdução: **G7(b9) C(add9) G7 4(9) Db7(9) CM7(9)**
F#m7 B7 Em7(9 11) A7(#9) G7(#5 #9) Db7(9)

BIS {

  CM7(9)
  Paz

      C7 4(9)
  Eu não aguento mais

    FM7
  Me deixa em paz

   D7(9)
  Sai de mim

      G7 4(9) Db7(9)
  Me deixa em paz

CM7   CM7(#5)   CM7(6)   C7 4(9)   FM7   FM7(#5)   FM7(6)
 Vá,   nosso fogo se apagou

Bm7(b5)   E7(b9)   Am7
 Nosso jo___go terminou

Gm7   C7(b9)   FM7
 Vai pra on___de Deus quiser

 Bm7(b5)   E7(b9)   Am7   Gm7   C7(9)   FM7
 Já   é ho___ra de   você   partir

Bm7   E7(b9)   Am7   D7(9)   G7 4(9)
 Não   adianta mais   ficar

 Paz *(etc.)*

     DM7(9)
  Paz

      D7 4(9)
  Eu não aguento mais

    GM7
  Me deixa em paz

   E7(9)
  Sai de mim

      A7 4(9)
  Me deixa em paz

   Eb7(9) DM7(9)
  Larga do meu   pé

      D7 4(9)
  Que eu não aguento mais

   GM7
  Me deixa em paz

   E7(9)
  Sai de mim

     A7 4(9)
  Me deixa em paz

     Em7(9) Eb7(9) DM7(9)
  Me deixa em paz

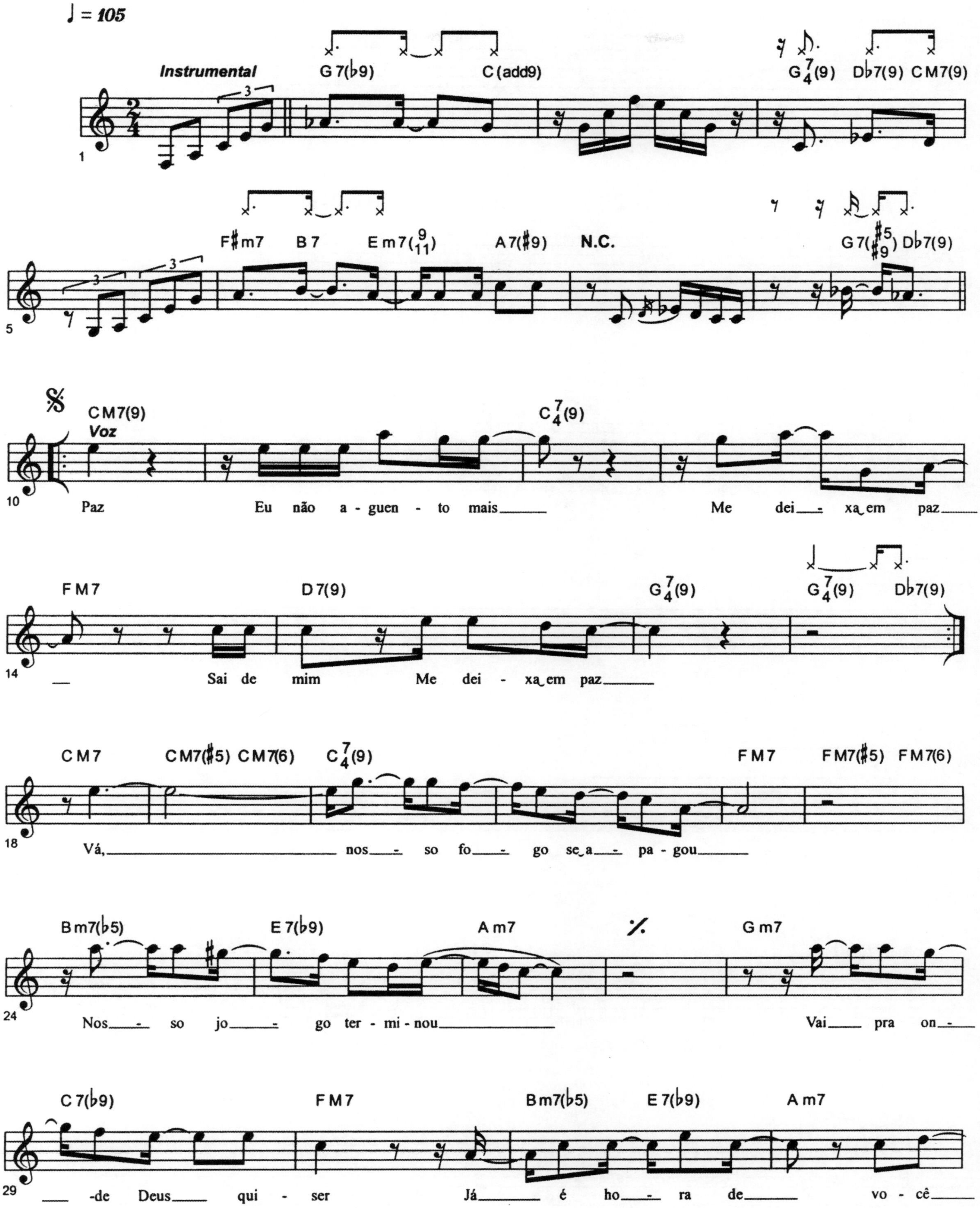
♩ = 105
Instrumental
G 7(♭9) C (add9) G 7/4(9) D♭7(9) C M7(9)
F♯m7 B 7 E m7(9/11) A 7(♯9) N.C. G 7(♯5/♯9) D♭7(9)
C M7(9) C 7/4(9)
Voz
Paz Eu não a - guen - to mais Me dei - xa em paz
F M7 D 7(9) G 7/4(9) G 7/4(9) D♭7(9)
Sai de mim Me dei - xa em paz
C M7 C M7(♯5) C M7(6) C 7/4(9) F M7 F M7(♯5) F M7(6)
Vá, nos - so fo - go se a - pa - gou
B m7(♭5) E 7(♭9) A m7 G m7
Nos - so jo - go ter - mi - nou Vai pra on -
C 7(♭9) F M7 B m7(♭5) E 7(♭9) A m7
-de Deus qui - ser Já é ho - ra de vo - cê

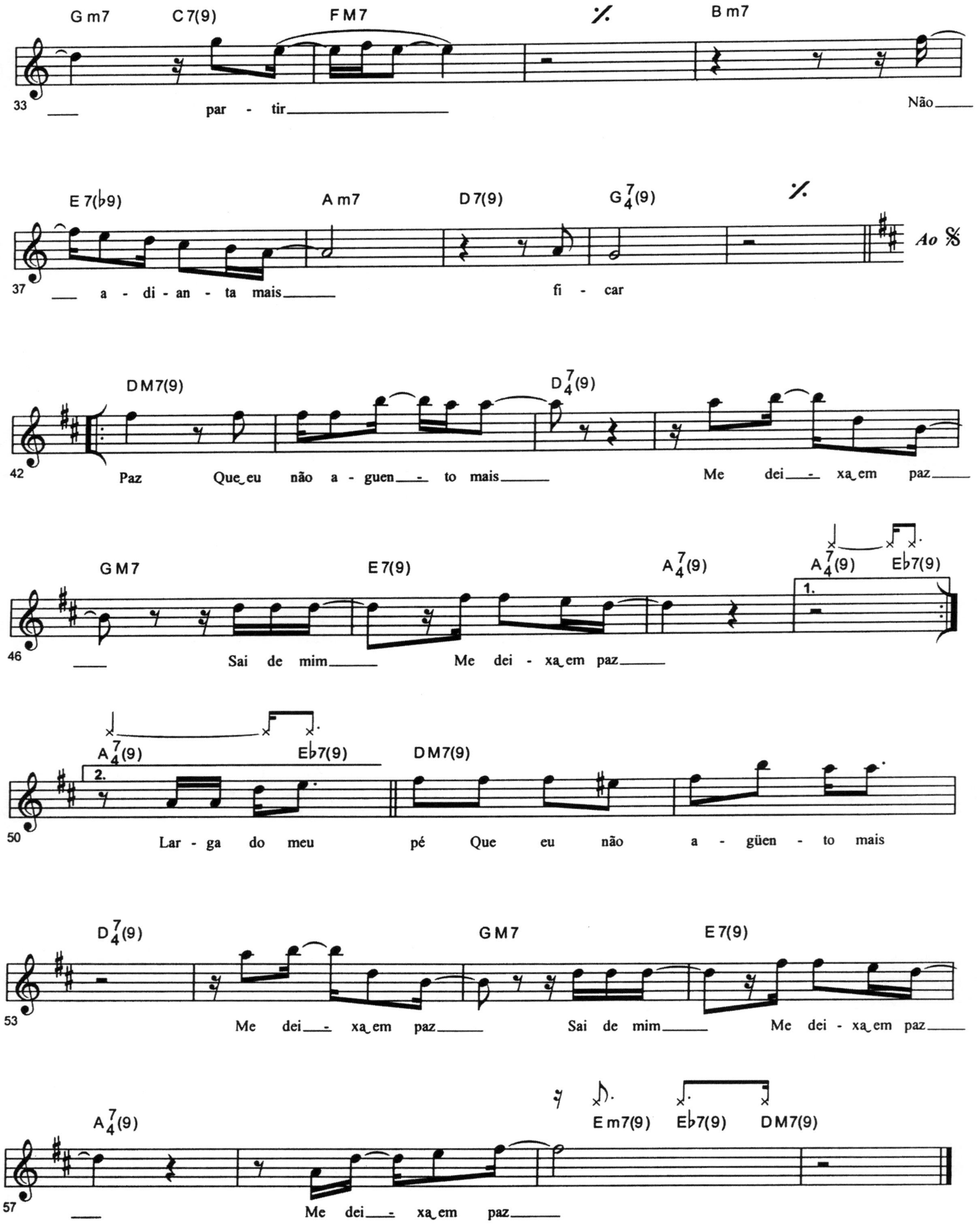
G m7 C 7(9) F M7 B m7
33 par - tir Não
E 7(♭9) A m7 D 7(9) G 7/4(9)
37 a - di - an - ta mais fi - car
Ao 𝄋
D M7(9) D 7/4(9)
42 Paz Que eu não a - guen - to mais Me dei - xa em paz
G M7 E 7(9) A 7/4(9) A 7/4(9) E♭7(9)
1.
46 Sai de mim Me dei - xa em paz
A 7/4(9) E♭7(9) D M7(9)
2.
50 Lar - ga do meu pé Que eu não a - güen - to mais
D 7/4(9) G M7 E 7(9)
53 Me dei - xa em paz Sai de mim Me dei - xa em paz
A 7/4(9) E m7(9) E♭7(9) D M7(9)
57 Me dei - xa em paz

Romaria

RENATO TEIXEIRA

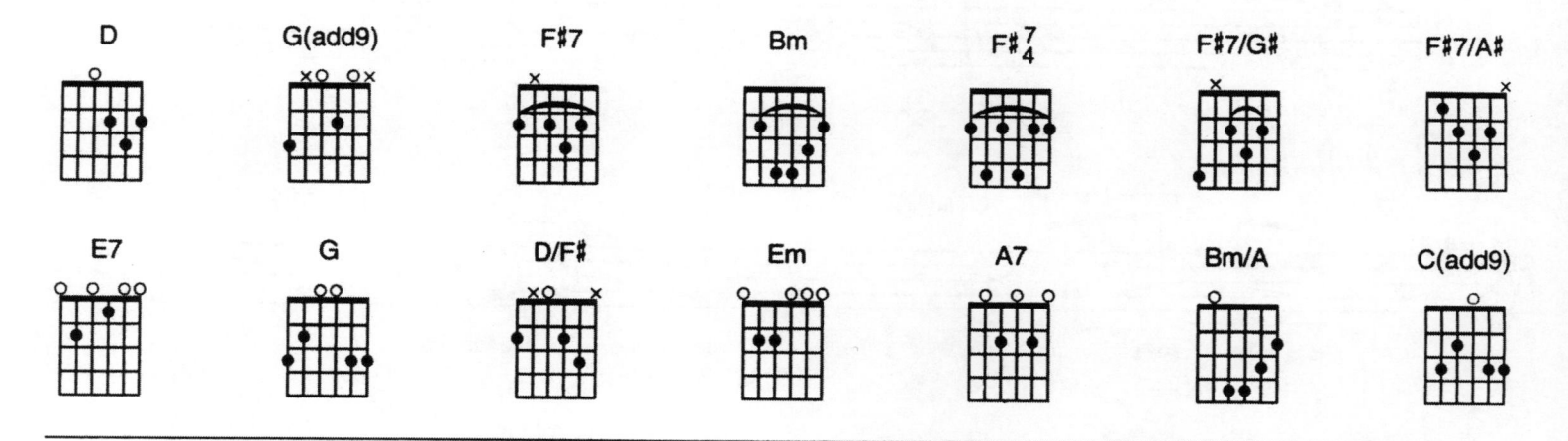

Introdução: **D   G(add9)   D   G(add9)**

D　　　　　　　**G(add9)**
　É de sonho e de pó
D　　　　　　　　**G(add9)**
　O destino de um só
　　　D　　　　　**F#7   Bm**
　Feito eu perdido em pensamentos
　　　　F#7   F#7 4   F#7/G#   F#7/A#
　Sobre o meu cavalo
Bm　　　　　**E7**
　É de laço e de nó
Bm　　　　　　**F#7**
　De gibeira o jiló
　　　　Bm　　　**F#7**　　**Bm**
　Dessa vida cumprida a sol

REFRÃO:

　　　G　**D/F#   Em**
　Sou caipira pira___pora
　A7　　　　　　**D**　**F#7   Bm**
　Nossa Senhora de Aparecida
　Bm/A   G　　**D/F#   Em**　　**A7**
　Ilu___mina a mina escura e funda
　　D
　O trem da minha vida
　　　G　**D/F#   Em**
　Sou caipira pira___pora
　A7　　　　　　**D**　**F#7   Bm**
　Nossa Senhora de Aparecida
　Bm/A   G　　**D/F#   Em**　　**A7**
　Ilu___mina a mina escura e funda
　　　　　　　　　　C(add9)
　O trem da minha vida

D　　　　　　　**G(add9)**
　O meu pai foi peão
D　　　　　　　　**G(add9)**
　Minha mãe, solidão
　　　D　　　　　　**F#7   Bm**
　Meus irmãos perderam-se na vida
　　　　　　　　F#7   F#7 4   F#7/G#   F#7/A#
　À custa de aventuras
Bm　　　　　　**E7**
　Descasei,　joguei
Bm　　　　　**F#7**
　Investi, desisti
　　　　　　Bm
　Se há sorte
F#7　　　　　**Bm**
　Eu não sei, nunca vi

Refrão

Instrumental (2Xs): **D   G(add9)   D   G(add9)**

D　　　　　　　**G(add9)**
　Me disseram porém
D　　　　　　　**G(add9)**
　Que eu viesse aqui
　　　　　　　　　D　　　**F#7   Bm**
　Pra pedir de romaria e prece
　　　　　　F#7　　　　**F#7 4   F#7/G#   F#7/A#**
　Paz nos desaventos
Bm　　　　　　**E7**
　Como eu não sei rezar
Bm　　　　　**F#7**
　Só queria mostrar
　　　　　Bm　　　**F#7**　　　**Bm**
　Meu olhar, meu olhar, meu olhar

Refrão

Romaria

RENATO TEIXEIRA

♩ = 90

É de sonho e de pó
O destino de um só
Feito eu perdido em pensamentos sobre o meu cavalo

O meu pai foi peão
Minha mãe, solidão
Meus irmãos perderam-se na vida à custa de aventuras

É de laço e de nó
De gibeira o jiló
Dessa vida cumprida a sol

Descasei, joguei
Investi, desisti
Se há sorte Eu não sei, Nunca vi

Sou caipirapirapora
Nossa Senhora de Aparecida
Ilumina a mina escura e funda
O trem da minha vida

Sou cai-

© Copyright 1977 by WARNER CHAPPELL EDIÇÕES MUSICAIS LTDA.
Todos os direitos autorais reservados para todos os países. *All rights reserved.*

C(add9)
Ao 𝄋 e 𝄌
vi - da
C(add9)
D G(add9) D G(add9)
Solo de violão
vi - da
D G(add9) D
Voz
Me dis - se - ram po - rém Que eu vi - es - se a - qui
G(add9) D F♯7 Bm
Pra pe - dir de ro - ma - ri - a e pre - ce Paz nos
F♯7 F♯7/G♯ F♯7/A♯ Bm E7
de - sa - ven - tos Co - mo eu não sei re - zar Só
Bm E7 Bm F♯7
que - ri - a mos - trar Meu o - lhar, meu o - lhar, meu o -
Bm D G D/F♯ Em
Ao 𝄋2 e 𝄌
-lhar Sou cai - vi - da Sou cai - pi - ra pi - ra - po - ra
A7 D F♯7 Bm
rall.
Nos - sa Se - nho - ra de A - pa - re - ci - da

O bêbado e a equilibrista

JOÃO BOSCO e
ALDIR BLANC

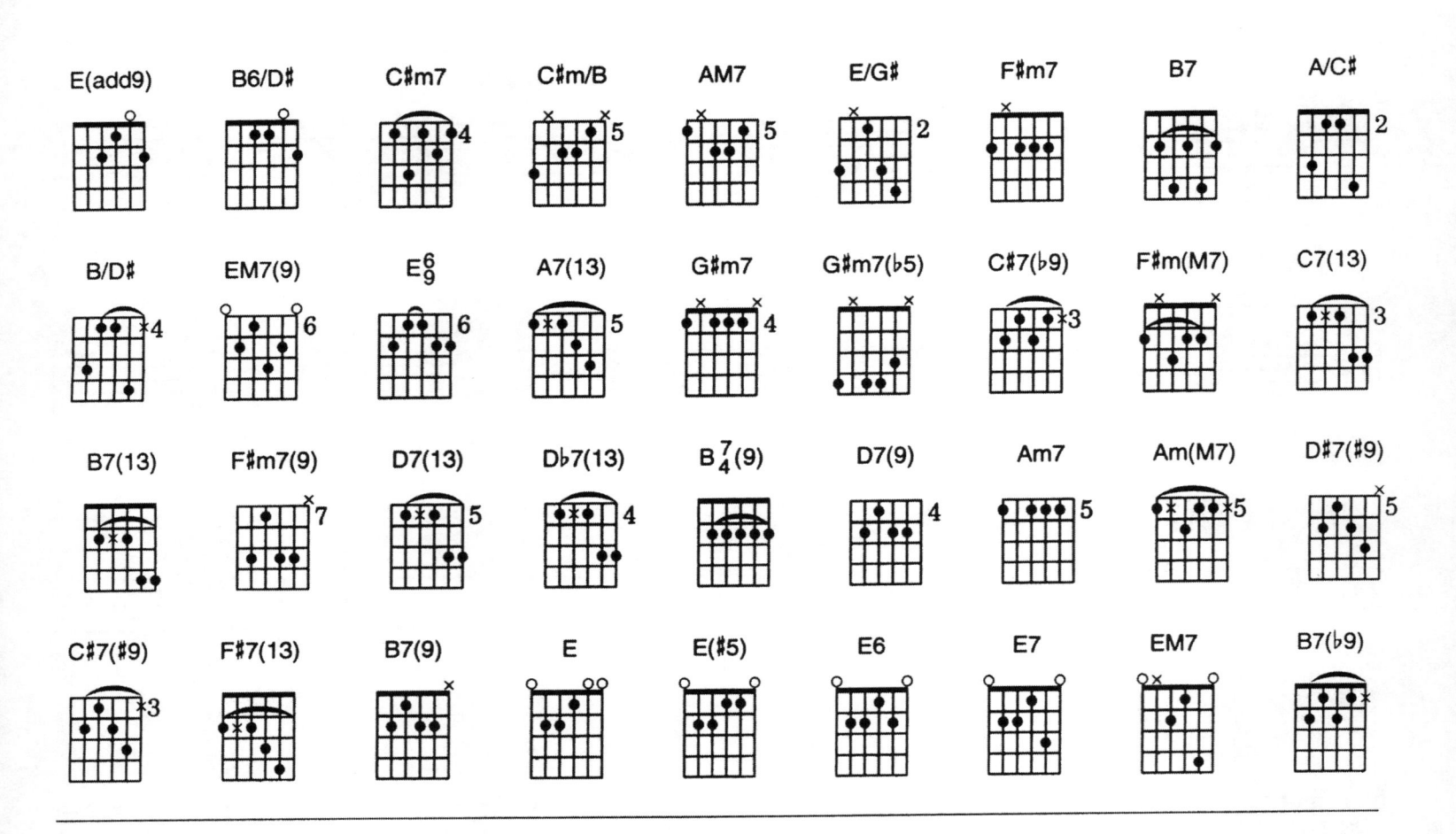

Introdução: **E(add9)   B6/D#   C#m7   C#m/B   AM7   E/G#   F#m7   B7 A/C#   B/D#   (3Xs)**
EM7(9)

```
    E6 9      A7(13)    G#m7      F#m7            E6 9
    Caía     a tar___de fei___to um viadu__to
    A7(13)       G#m7     F#m7           EM7(9)
    E um bê___bado trajando lu___to
         G#m7(b5)    C#7(b9)   F#m(M7)    F#m7
    Me    lembrou   Carli____tos
         AM7    G#m7
    A lua
F#m7                        AM7   G#m7
    Tal qual a dona de um bordel
F#m7        C7(13)            B7(13)
    Pedia a ca___da estrela fri___a
              F#m7(9)   B7(13)  D7(13)  Db7(13)   C7(13)   B7(13)
    Um brilho    de alu____guel
```

```
        E6 9
    E nuvens
       B7 4(9)                   EM7(9)
    Lá no mata-borrão do céu
              B7 4(9)                      G#m7(b5)  C#7(b9)
    Chu___pavam manchas tortura____das
            D7(9)    C#7(b9)  F#m(M7)  F#m7  Am7   Am(M7)
    Que   su__fo_____co         lou__co
    Am7      D7(9)      D#7(#9)  EM7(9)   A7(13)
    O bêbado com chapéu  coco
       G#m7       C#7(#9)   F#7(13)
    Fazia irreverências mil
                         D7(9)   B7(9)
    Pra noite do      Brasil
    EM7(9)     B7 4(9)
    Meu  Brasil
```

    E
Que sonha
E(#5)   **E6**   **E7**   **EM7**
Com a vol__ta do irmão do Henfil
    E6   **E**
Com tan__ta gente que partiu
    G#m7(b5) **C#7(b9)** **F#m(M7)** **F#m7**
Num ra_____bo de fogue_____te

Chora a nossa pátria mãe gentil
               B7(9)
Choram Marias e Cla___rices
F#m7 **D#7(#9)** **EM7(9)**
No solo do Bra_____sil

B7 4(9) **E** **E(#5)**
Mas sei
E6   **E7**   **EM7**
Que uma dor as__sim pungente
   E6   **G#m7(b5)** **C#7(b9)**
Não há de ser inutilmen_____te

  D7(9) **C#7(b9)** **F#m(M7)** **F#m7** **Am7** **D7(9)**
A esperan_____ça   dan_____ça
Am7   **D7(9)** **D#7(#9)** **EM7(9)** **A7(13)**
Na corda bamba de sombrinha
    G#m7   **C#7(#9)**   **F#7(13)**
E em   cada pas_____so dessa li___nha
         F#m7 **D7(9)** **C#7(b9)**
Pode que se ma_____chu__car

 Am7 **D7(9)**
A_____zar
Am7   **D7(9)** **D#7(#9)** **EM7(9)** **A7(13)**
A esperança equili___brista
    G#m7   **C#7(#9)**   **F#7(13)**
Sa___be que o show   de todo artis___ta
         B7 4(9) **B7(b9)** **E69**
Tem que conti_____nu____ar

Instrumental:
E(add9) **B6/D#** **C#m7** **C#m/B** **AM7**
E/G# **F#m7** **B7** **A/C#** **B/D#** *(fade out)*

© Copyright 1979 by MERCURY PRODUÇÕES E EDIÇÕES MUSICAIS LTDA.
© Copyright 1979 by BMG MUSIC PUBLISHING BRASIL LTDA.
Todos os direitos autorais reservados para todos os países. *All rights reserved.*

F♯m7 EM7(9) G♯m7(♭5)
20 tra - jan - do lu - to Me lem - brou
C♯7(♭9) F♯m(M7) F♯m7 AM7 G♯m7
24 Car - li - tos A lu - a
F♯m7 AM7 G♯m7
29 Tal qual a do - na de um bor - del
F♯m7 C7(13) B7(13)
33 Pe - di - a a ca - da es - tre - la fri - a Um bri - lho
F♯m7(9) B7(13) D7(13) D♭7(13) C7(13) B7(13) E6/9
37 de a - lu- guel E nu - vens
B7/4(9) EM7(9)
42 Lá no ma - ta - bor - rão do céu Chu -
B7/4(9) G♯m7(♭5) C♯7(♭9)
47 -pa - vam man - chas tor - tu - ra - das Que
D7(9) C♯7(♭9) F♯m(M7) F♯m7 Am7
51 su - fo - co lou -

-co   O bê - ba - do __ com cha - péu co - __ co

Fa - zi a ir-re-ve-rên-cias mil __ Pra noi __ - te do __

Bra - sil   Meu Bra - sil   Que so - nha   Com a vol __ - ta do ir-mão __

__ do Hen __ - fil   Com tan - ta gen __ - te que __ par __ - tiu

__ Num ra __ - bo de __ fo-gue __ - te __

Cho - ra   a nos __ - sa pá __ - tria mãe __ gen __ - til

Cho - ram __ Ma - ri __ - as e Cla __ - ri __ - ces   No so - lo

do Bra - sil   Mas sei

99. E6 / E7 / EM7
Que u-ma dor as___ sim pun - gen - te___ Não

103. E6 / G#m7(b5)
há de___ ser___ i - nu - til - men-

106. C#7(b9) / D7(9) / C#7(b9) / F#m(M7) / F#m7
-te A es - pe___ - ran___ - ça___

111. Am7 / D7(9) / Am7 / D7(9) / D#7(#9) / EM7(9)
dan___ - ça___ Na cor - da bam___ - ba de___ som - bri -
A___ - zar___ A es_ - pe - ran___ - ça e_qui - li - bris -

115. A7(13) / G#m7 / C#7(#9) / F#7(13)
___ -nha___ E em___ ca - da pas_ - so des_ - sa li___ - nha
___ -ta___ Sa___ - be que o show___ de to_ - do ar - tis___ - ta

120. ¹. F#m7 / D7(9) / C#7(b9)
Po - de___ se ma___ - chu - car___

125. ². B7/4(9) / B7(b9) / E6/9
Tem que___ con - ti___ - nu - ar   *Ao 𝄋 e Fim*

Dois pra lá, dois pra cá

JOÃO BOSCO e
ALDIR BLANC

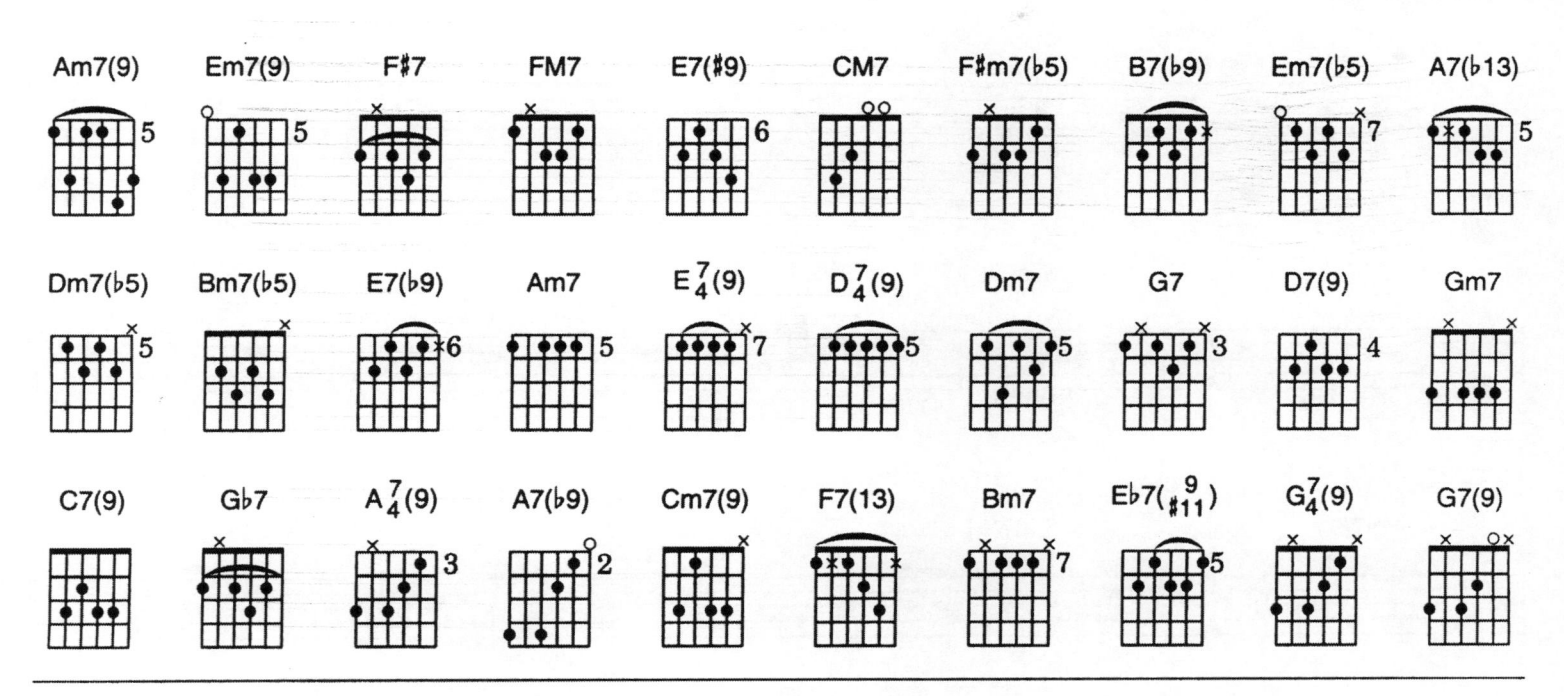

Introdução: **Am7(9) Em7(9) Am7(9) Em7(9)**

  Am7(9)   **Em7(9)**
    Sentindo frio   em minh'alma
  Am7(9)   **Em7(9)**
    Te convidei   pra dançar
  Am7(9)   **Em7(9)**
    A tua voz me acalmava
      F#7   **FM7**
    São dois pra lá, dois pra cá
E7(#9)   **CM7**   **F#m7(b5)**
    Meu coração traiçoeiro
  B7(b9) **Em7(b5)**
    Batia mais que o bongô
A7(b13)   **Dm7(b5)**
    Tremia mais   que as maracas
Bm7(b5) E7(b9) **Am7**   **E7 4(9)**
    Descompassa___do de amor

  Am7(9)   **Em7(9)**
    Minha cabe___ça rodando
  Am7(9)   **Em7(9)**
    Rodava mais   que os casais
  Am7(9)   **Em7(9)**
    O teu perfume gardênia
      F#7   **FM7**
    E não me perguntes mais
E7(#9)   **CM7**   **F#m7(b5)**
    A tua mão no pescoço
B7(b9) Em7(b5)   **A7(b13)**
    As tuas costas macias
    D7 4(9)   **Dm7**
    Por quanto tempo rondaram
G7 **Em7(b5)**   **A7(b13)**
    As minhas noites vazi___as

                      D7 4(9) D7(9)
    No dedo um falso brilhante
Dm7 **G7**   **Gm7**   **C7(9) Gb7**
    Brin___cos iguais ao   colar
FM7   **B7(b9)**   **E7(#9)**
    E a pon___ta de um torturan___te band-aid
    Em7(b5)
    No calcanhar
A7(b13) **Am7**   **D7(9)**
    Eu hoje me embriagando
Dm7 **G7**   **Gm7**   **C7(9) Gb7**
    De wisky com   guaraná
FM7   **B7(b9)**
    Ouvi tua voz murmurando
E7(#9)   **Am7**   **E7 4(9)**
    São dois pra lá,   dois pra   cá

Vocalize: **Am7 A7 4(9) A7(b9) Dm7
Cm7(9) F7(13) Bm7 E7(b9) A7 4(9)**

A7(b9) Eb7(9 #11) D7 4(9) D7(9)
    No dedo um falso brilhante...
                Am7 Eb7(9 #11)
    ...lá, dois pra cá

Repete ad libtum e fade out:
  Dm7(9)   **G7 4(9)**   **Em7(9)**
    Tchu ru ru   Tchu ru ru ru ru ru ru ru
A7(b13)   **Dm7(9)**
    Dejaste abandonada la ilusión
      G7(9)   **CM7 A7(b13)**
    Que habia en mi corazón por ti

Dois pra lá, dois pra cá

JOÃO BOSCO e
ALDIR BLANC

♩ = 90

Sen - tin - do frio___ em mi-nh'al - ma   Te con - vi - dei___ pra dan - çar___
Mi-nha ca - be - ça   ro - dan -   do   Ro - da - va - mais___ que os ca - sais___

A tu - a voz   me a - cal - ma - va   São dois pra lá,   dois pra cá___
O teu per - fu - me gar - dê - nia   E não me per - gun - tes mais___

Meu co - ra - ção trai - ço - ei___ ro   Ba - ti - a   mais que o bon - gô
A   tu - a mão   no pes - co___ ço

Tre - mi___ a mais___ que as ma-ra___ - cas   Des - com - pas - sa___ - do de a - mor___

As tu - as cos___ - tas ma - ci - as   Por quan - to tem___ - po ron - da___ - ram___ As

© Copyright 1974 by BMG MUSIC PUBLISHING BRASIL LTDA.
Todos os direitos autorais reservados para todos os países. *All rights reserved.*

minhas noi-tes va-zi-as No de-do um fal-so bri-lhan-te Brin-cos i-guais ao co-lar E a pon-ta de um tor-tu-ran-te band-ai-d No cal-ca-nhar

Eu ho-je me em-bri-a-gan-do De wis-ky com gua-ra-ná

Ou-vi tua voz mur-mu-ran-do São dois pra lá, dois pra cá

rall. (na 2ª vez)

Vocalize

No de-do

Repete ad libitum

dois pra cá Tchu ru ru Tchu ru ru ru ru ru ru ru ru

a tempo

De-jas-te a-ban-do-na-da la i-lu-sión Que ha-bía en mi co-ra-zón por ti

Fade out

83

Me deixas louco
(Me vuelves loco)

ARMANDO MANZANERO
Versão: PAULO COELHO

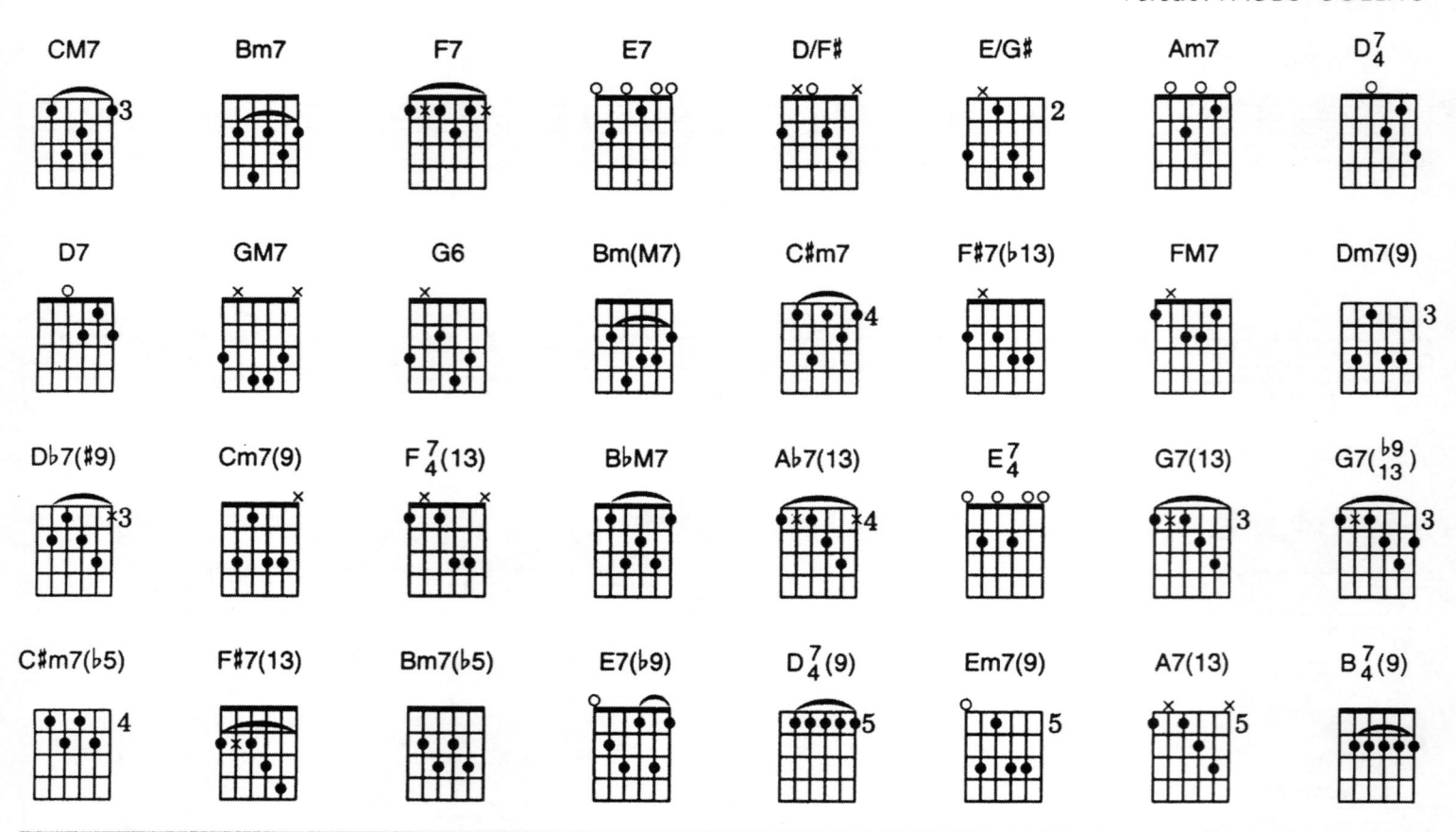

Introdução: **CM7 Bm7 F7 E7 D/F# E/G# Am7 D7 4 D7**

   GM7   **G6**
Quando caminho pela rua lado a lado com você
Am7   **D7 4**   **D7**
  Me deixas louca
Bm(M7)   **E7**
  E quando escuto o som alegre do teu riso que me dá tanta alegria
C#m7   **F#7(b13)**
  Me deixas louca
  FM7   **Dm7(9)**   **Db7(#9)**   **CM7**
Me deixas louca quando vejo mais um dia pou__co a pouco entardecer
    Cm7(9)   **F7 4(13)**   **BbM7**
  E chega a hora de ir pro quarto e escutar as coisas lindas que começas a dizer
  Am7   **Ab7(13)**
  Me deixas louca

GM7   **G6**
Quando me pedes por favor que nossa lâmpada se apague
Am7   **D7 4**   **D7**
  Me deixas lou___ca
Bm(M7)   **E7 4**
  Quando transmites o calor de tuas mãos
             Dm7(9)
  Pro meu corpo que te espera
      G7(13)
Me deixas louca

       G7(b9 13) CM7   *C#m7(b5)*   *F#7(13)   F#7(b13)*
E quando sinto que teus braços se cruzaram em minhas costas
Bm7(b5)
Desaparecem as palavras
E7(b9)
Outros sons enchem o espaço
Am7   Bm7
Você me abraça
CM7   D7 4(9)
E a noite passa
      Em7(9) A7(13) Em7(9) A7(13) CM7 Bm7
Me deixas lou_____ca
Am7   B7 4(9) Em7(9) Dm7(9) Db7(#9)
Me deixas   louca

CM7   *C#m7(b5)*   *F#7(13) F#7(b13)*
Sinto os teus braços se cruzando em minhas costas
Bm7(b5)
Desaparecem as palavras
E7(b9)
Outros sons enchem o espaço
Am7   Bm7
Você me abraça
CM7   D7 4(9)
E a noite pas__sa
      Em7(9) A7(13) Em7(9) A7(13) CM7 Bm7
Me deixas lou_____ca
Am7   B7 4(9) Em7(9) A7(13)
Me deixas   louca

Instrumental: Em7(9) A7(13) CM7 Bm7 Am7 B7 4(9) Em7(9)

86

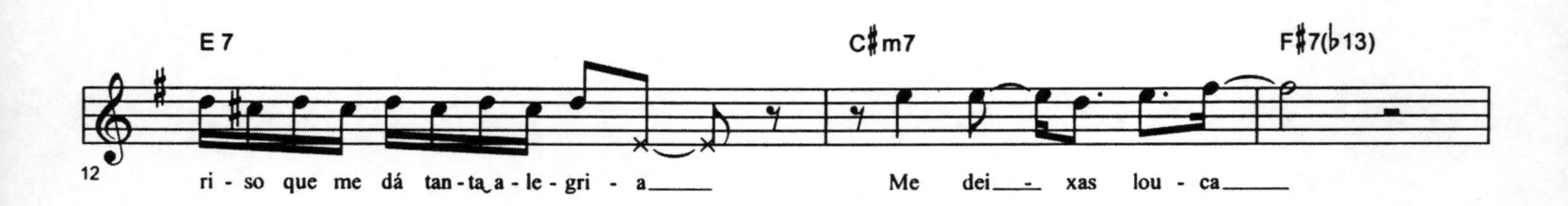

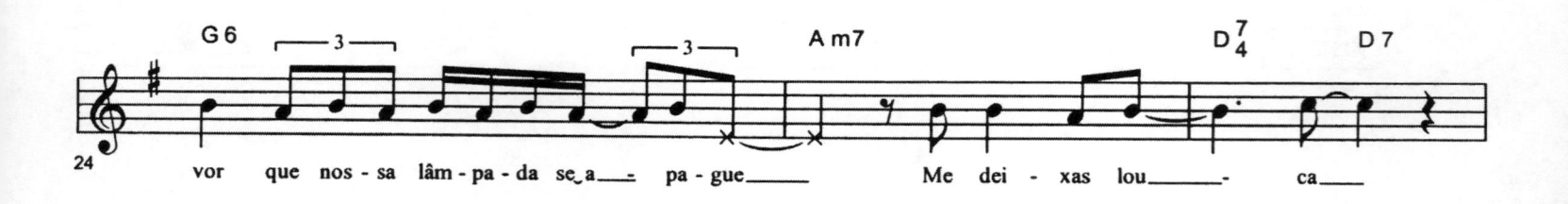

se cru-za - ram em mi-nhas cos - tas   De - sa-pa-re-cem as pa-la-vras
se cru-zan - do em mi-nhas cos - tas

Ou - tros sons en-chem o es-pa - ço   Vo - cê me a-bra - ça   E a noi - te pas - sa   Me

 dei - xas   lou - ca

Vocalize

Me dei - xas   lou - ca

Sin - to os teus bra - ços   lou - ca

Instrumental

Como nossos pais

ANTONIO CARLOS BELCHIOR

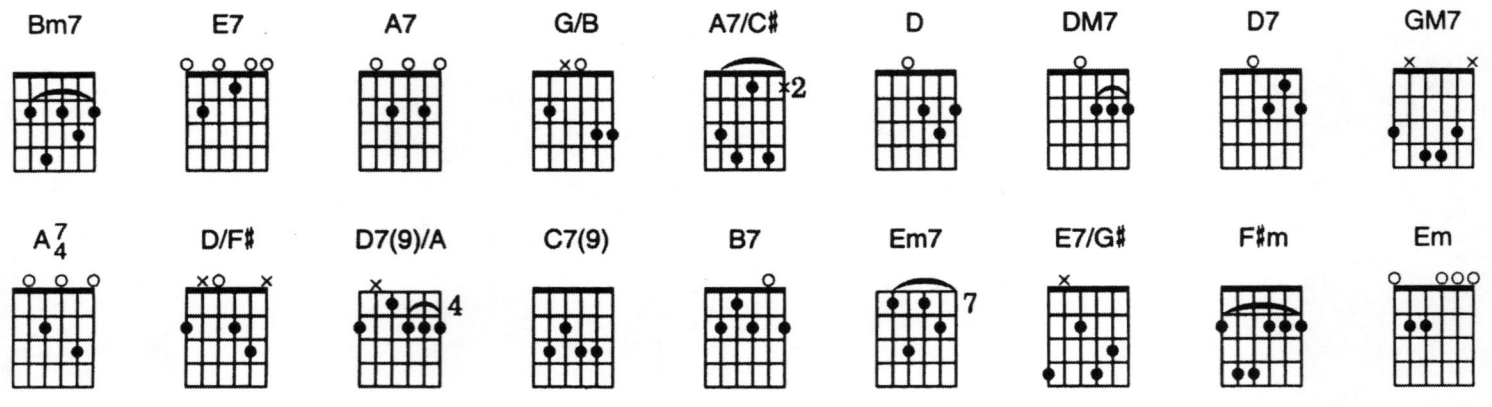

[Chord diagrams: Bm7, E7, A7, G/B, A7/C#, D, DM7, D7, GM7, A7/4, D/F#, D7(9)/A, C7(9), B7, Em7, E7/G#, F#m, Em]

                                               Bm
Não quero lhe falar meu grande amor
E7
Das coisas que aprendi nos discos
A7   **G/B**   **A7/C#**
Quero lhe contar   como eu vivi
     A7   **D**   **DM7**
E tudo que aconteceu comigo
Bm7
Viver é melhor que sonhar
     E7
Eu sei   que o amor é uma coisa boa
A7   **G/B**   **A7/C#**
Mas também sei que qualquer can___to é menor
         A7   **DM7**
Que a vida de qualquer pessoa
      D
Por isso cuidado meu bem
D7   **GM7**
Há perigo na esquina
A7   **G/B** **A7/C#**   **A7**
Eles venceram   e o sinal está fechado pra nós
D   **DM7** **A7 4 A7**
Que somos jovens
    D   **D/F#**   **D7(9)/A**   **D7**   **GM7**
Para abraçar   seu irmão   e beijar   sua menina na lua
A7   **G/B**   **A7/C#**
É que se fez   o seu braço,   o seu lábio
A7   **D**
E a su__a voz

                 GM7   **C7(9)**
Você me pergun___ta pela minha paixão
D   **B7**   **Em7**   **A7**
Digo que estou encantada como uma nova invenção
D7   **D7/F#**   **GM7**   **C7(9)**
Eu vou ficar nesta cidade, não vou voltar pro sertão
D   **B7**   **Em7**   **A7**
Pois vejo vivo indo no ven___to o cheiro da nova estação
D7   **D7/F#**   **G**   **E7/G#**   **A7 4**   **A7**
Eu sei de tu___do na feri_da viva   do meu co___ração

```
   D       D/F#         GM7
Já faz tem___po eu vi você    na rua

     D          D/F#        GM7
Cabe_lo ao vento gente jovem reunida

      D         D/F#
Na parede da memória

       G       E7/G#      A7 4              A7
Essa lembran____ça é o qua___dro que dói mais

     D
Minha dor é perceber

        G                     D
Que apesar de termos feito tudo o que fizemos
G      D            D/F#  G    Ab A7
  Ainda somos os mesmos    e vivemos
            D            D/F#  G    E7/G#      A7 4  A7
  Ainda somos os mesmos    e vivemos como os nossos pais


   D         D/F#          GM7
Nossos í___dolos ainda são os mesmos

        D         D/F#         GM7
E as aparências não se enganam não

       D           D/F#
Você diz que depois de___les
G       E7/G#   A7 4           A7
Não apareceu    mais ninguém


        D                              G
Você    pode até dizer que eu tô por fóra
                    D
Ou então que eu tô inventando
G     G             D/F#    G  Ab A7
  Mas é você que ama o passado e que não vê
    D             D/F#           G
É você que ama o passado e que não vê
     E7/G#    A7 4        A7
Que o novo sem___pre vem


   D        D/F#                GM7
Hoje eu sei que quem me deu a i___déia
          D         D/F#       GM7
De uma nova consciência e juventude
     D    D/F#        G    E7/G#     A7 4            A7
Tá em casa   guardado por Deus   contan___do vil metal
     D
Minha dor é perceber
        G                          D                 G
Que apesar de termos feito tudo, tudo, tudo o que fizemos
          D            D/F#  G    Ab A7
Nós ainda somos os mesmos    e vivemos
            D            D/F#  G    Ab A7
  Ainda somos os mesmos    e vivemos
            D       D/F#     G          A7   G   F#m Em D
  Ainda somos os mesmos e vivemos como os nossos pais
```

Como nossos pais

ANTONIO CARLOS BELCHIOR

♩ = 95

Não quero lhe falar meu grande amor Das coisas que aprendi nos discos_____ Quero lhe contar_____ como eu vivi E tudo que aconteceu comigo_____ Viver_____ é melhor que sonhar Eu sei que o amor é uma coisa boa_____ Mas_____ também sei que qualquer canto é menor Que a vida de qualquer pessoa_____ Por isso cuida do meu bem Há perigo na esquina_____ Eles venceram e o sinal está fechado pra nós_____ Que somos jovens Para abraçar_____ seu irmão_____ e beijar_____ sua me-

© Copyright 1976 by FORTALEZA EDITORA MUSICAL LTDA.
Todos os direitos autorais reservados para todos os países. *All rights reserved.*

(sheet music)

27 -ni - na___ na lu - a___ | É que se fez o seu bra - ço, o seu lá - bio___ | E a su-

31 ___-a voz___ | Vo - cê me per - gun___-ta pe - la mi - nha pai - xão___ | Di - go que es - tou en - can-

35 -ta - da co - mo u - ma no - va in - ven - ção___ | Eu vou fi - car nes___-ta ci - da - de, não vou vol - tar pro ser - tão

38 Pois ve - jo vi - vo in - do no ven___-to o chei - ro da no - va es - ta - ção | Eu sei de tu___- do na fe - ri___-

41 ___-da vi - va do meu___ co___-ra - ção___ | Já faz tem___-po eu vi vo - cê___

45 ___ na ru___- a | Ca - be___-lo ao ven___-to gen - te jo___-vem re - u - ni___-da___ | Na pa-

48 re - de da me - mó - ri - a | Es - sa lem - bran___-ça é o qua___-dro que dói mais___

51 ___ | Mi - nha dor é per - ce - ber | Que a - pe - sar de ter - mos fei - to tu - do o que fi - ze___-mos

91

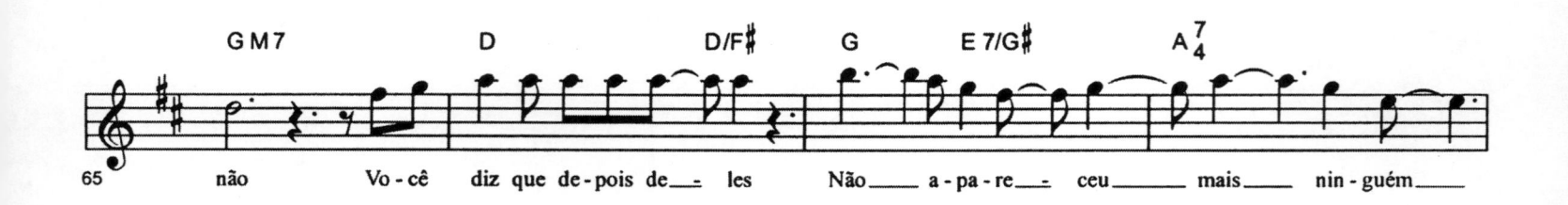

Ain-da so-mos os mes-mos___ e vi-ve-mos___ Ain-da
so-mos os mes-mos___ e vi-ve-mos___ co-mo os nos-sos pais___

Nos-sos í-do-los a-in-da são os mes-mos E as a-pa-rên-cias não se en-ga-nam
não Vo-cê diz que de-pois de-les Não a-pa-re-ceu mais nin-guém___

Vo-cê___ po-de a-té di-zer que eu tô por fó-ra___ Ou en-tão que eu tô in-ven-
-tan-do Mas é vo-cê que a-ma o pas-sa-do e que não vê É___ vo-

-cê que a-ma o pas-sa-do e que não vê Que o no-vo sem-pre vem___

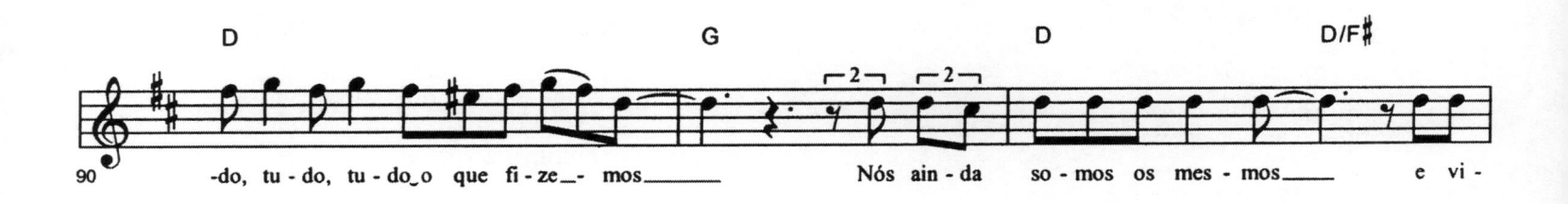

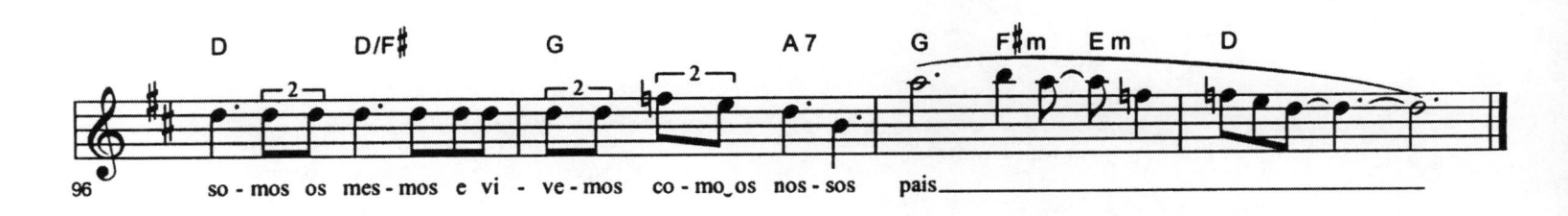

	D	D/F#	GM7	D	D/F#

Ho-je eu sei que quem me deu a i- déi-a De u-ma no-va cons-ci-ên- cia e ju-ven-tu- de

GM7	D	D/F#	G	E7/G#

Tá em ca-sa guar-da-do por Deus con-tan-

A7/4	A7	D	G

-do vil me-tal Mi-nha dor é per-ce-ber Que a-pe- sar de ter-mos fei-to tu-

D	G	D	D/F#

-do, tu-do, tu-do o que fi-ze- mos Nós ain-da so-mos os mes-mos e vi-

G	Ab A7	D	D/F#	G	Ab A7

-ve-mos Ain-da so-mos os mes-mos e vi-ve-mos Ain-da

rall.

D	D/F#	G	A7	G F#m Em	D

so-mos os mes-mos e vi- ve-mos co-mo os nos-sos pais

Lapinha

**BADEN POWELL e
PAULO CÉSAR PINHEIRO**

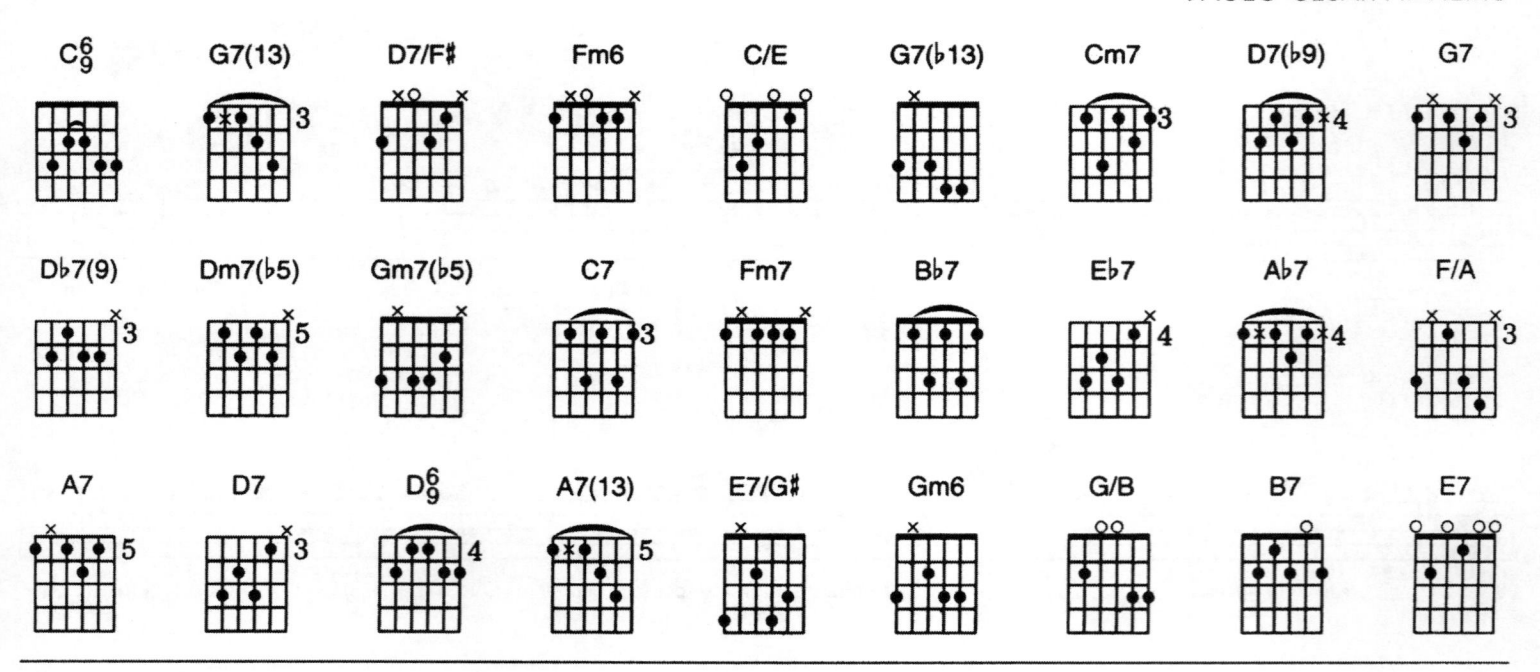

[Chord diagrams: C6/9, G7(13), D7/F#, Fm6, C/E, G7(b13), Cm7, D7(b9), G7, Db7(9), Dm7(b5), Gm7(b5), C7, Fm7, Bb7, Eb7, Ab7, F/A, A7, D7, D6/9, A7(13), E7/G#, Gm6, G/B, B7, E7]

Introdução: **C6 9**

REFRÃO:

BIS {

   C6 9
   Quando eu morrer
       G7(13)   **C6 9**
   Me enterre na Lapi___nha
   C6 9
   Quando eu morrer
       G7(13)   **C6 9**
   Me enterre na Lapi___nha
       D7/F#   **Fm6**   **C/E**
   Calça, culo___te, paletó, almofadi__nha
       D7/F#   **Fm6**   **C/E**
   Calça, culo___te, paletó, almofadi__nha

}

  Cm7   **D7(b9)**
  Vai, meu lamen___to vai contar
G7   **Cm7**   **Db7(9)**
  Toda tristeza de viver
Cm7 **D7(b9)**   **Gm7**
  Ai, a verdade sem___pre dói
D7/F#   **Dm7(b5)**   **G7(b13)**
  Às vezes traz um mal a mais
Cm7   **D7(b9)**
  Ai, só me fez dilacerar
G7   **Gm7(b5)**   **C7**
  Ver tanta gen___te se entregar
Fm7 **Bb7**   **Eb7**
  Mas não me conformei
  Ab7   **Dm7(b5)**
  In__do contra a lei

    G7(b13)   **Gm7(b5)**   **C7**
  Sei que não me ar____rependi
Fm7   **Bb7**   **Eb7**
  Tenho um pe__dido _só
Ab7   **Dm7(b5)**
  O último talvez
            G7
  Antes de partir

Refrão

Cm7   **D7(b9)**
  Sai, minha má____goa sai de mim
G7   **Cm7**   **Db7(9)**
  Há tanto cora___ção ru__im
Cm7 **D7(b9)**   **Gm7**
  Ai, é tão desespe___rador
D7/F#   **Dm7(b5)**   **G7(b13)**
  O amor perder do desamor
Cm7   **D7(b9)**
  Ah, tanto er___ro eu vi, lutei
G7   **Gm7(b5)**   **C7**
  E como per___dedor gritei
Fm7   **Bb7**   **Eb7**
  Que eu sou um homem só
  Ab7   **Dm7(b5)**
  Sem poder mudar
    G7(b13)   **Gm7(b5)**   **C7**
  Nun___ca mais vou lastimar
Fm7   **Bb7**   **Eb7**
  Tenho um pe__dido só
Ab7   **Dm7(b5)**
  O último talvez
            G7
  Antes de partir

Refrão

BIS {
C6 9 — Adeus Bahi___a zum-zum-zum F/A Fm6 Cordão de Ou___ro C6 9
A7 — Eu vou partir porque mata__ram o meu besou___ro D7 G7 C6 9
}

BIS {
D6 9 — Quando eu morrer
A7(13) — Me enterre na Lapi___nha D6 9
D6 9 — Quando eu morrer
A7(13) — Me enterre na Lapi___nha D6 9
E7/G# — Calça, culo___te, paletó, almofadi__nha Gm6 D/F#
E7/G# — Calça, culo___te, paletó, almofadi__nha Gm6 D/F#
}

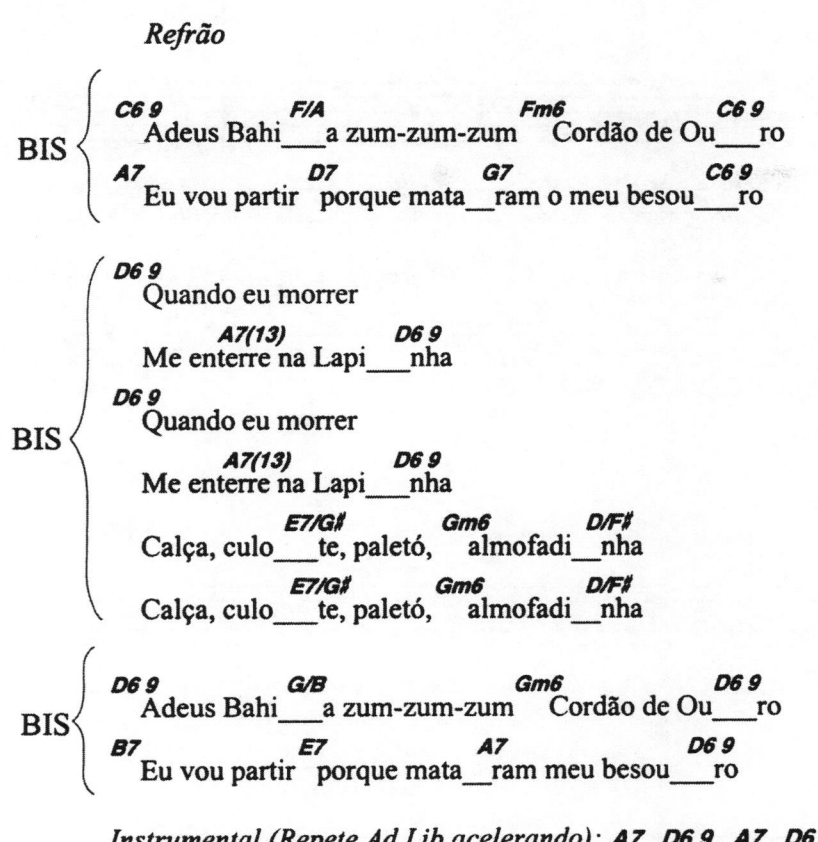

BIS {
D6 9 — Adeus Bahi___a zum-zum-zum G/B Gm6 Cordão de Ou___ro D6 9
B7 — Eu vou partir porque mata__ram meu besou___ro E7 A7 D6 9
}

Instrumental (Repete Ad Lib acelerando): **A7 D6 9 A7 D6 9**

♩ = 112

Instrumental — C6/9 · / · / · / (1.)

Voz:
Quan-do eu mor-rer___ Me en-ter-re na___ La-pi - nha___ Quan-do eu mor-rer___
___ Me en-ter-re na___ La-pi - nha___ Cal-ça, cu-lo - te, pa-le-tó,___ al-mo - fa-di -
-nha___ Cal-ça, cu-lo - te, pa-le-tó,___ al-mo - fa-di - nha

© Copyright 1969 by WARNER CHAPPELL EDIÇÕES MUSICAIS LTDA.
Todos os direitos autorais reservados para todos os países. *All rights reserved.*

Vai,____ meu la - men - to vai____ con - tar____ To -____
Sai,____ mi - nha____ má - goa sai____ de mim____ Há____

____ -da tris - te - za____ de____ vi - ver   Ai,   a ver - da - de sem -
____ *tan - to____ co - ra - ção____ ru - im   Ai,   é tão de - ses - pe -*

____ -pre dói   Às ve - zes traz____ um mal____ a mais____
____ *-ra - dor   O a - mor per - der____ do de - sa - mor____*

____ Ai,____ só me____ fez di - la - ce - rar____ Ver____
____ *Ah,____ tan - to____ er - ro eu vi,   lu tei____ E____*

____ tan - ta gen - te se en - tre - gar____ Mas não____ me con - for - mei
____ *co - mo per - de - dor____ gri - tei   Que eu sou____ um ho - mem só*

____ In - do con - tra a lei   Sei____ que não me ar -
____ *Sem____ po - der____ mu - dar   Nun - ca mais vou*

____ re - pen - di____ Te - nho um pe - di - do só   O úl -
____ *las - ti - mar____ Te - nho um pe - di - do só   O úl -*

____ -ti - mo____ tal - vez____ An - tes de____ par - tir____
____ *-ti - mo____ tal - vez____ An - tes de____ par - tir____*

Ao 𝄋
2 vezes
s/ rit.
e 𝄌

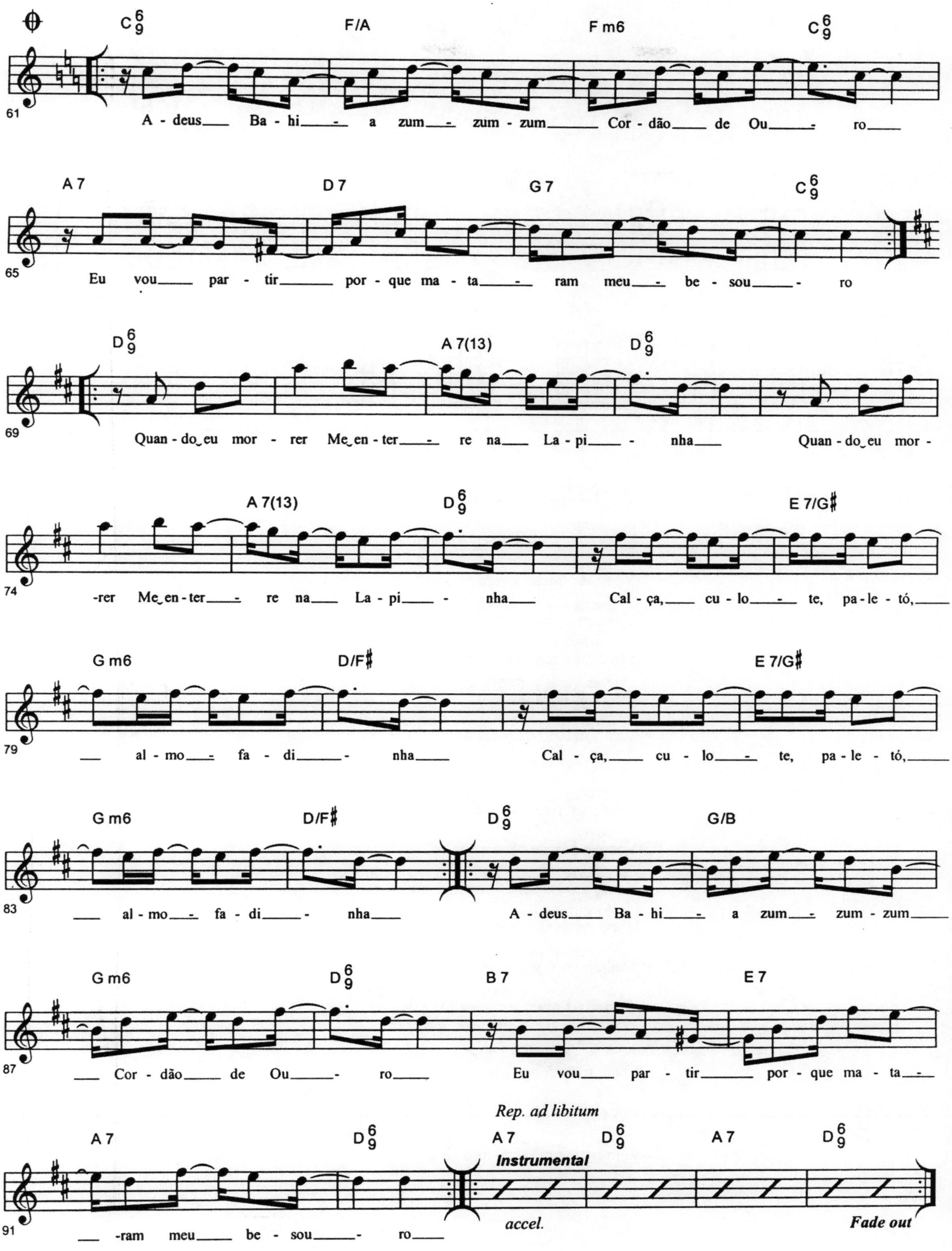
C 6/9 F/A F m6 C 6/9
A - deus Ba - hi - a zum - zum - zum Cor - dão de Ou - ro
A 7 D 7 G 7 C 6/9
Eu vou par - tir por - que ma - ta - ram meu be - sou - ro
D 6/9 A 7(13) D 6/9
Quan - do eu mor - rer Me en - ter - re na La - pi - nha Quan - do eu mor -
A 7(13) D 6/9 E 7/G#
-rer Me en - ter - re na La - pi - nha Cal - ça, cu - lo - te, pa - le - tó,
G m6 D/F# E 7/G#
al - mo - fa - di - nha Cal - ça, cu - lo - te, pa - le - tó,
G m6 D/F# D 6/9 G/B
al - mo - fa - di - nha A - deus Ba - hi - a zum - zum - zum
G m6 D 6/9 B 7 E 7
Cor - dão de Ou - ro Eu vou par - tir por - que ma - ta -
Rep. ad libitum
A 7 D 6/9 A 7 D 6/9 A 7 D 6/9
Instrumental
-ram meu be - sou - ro
accel.
Fade out

Você

ROBERTO MENESCAL e
RONALDO BÔSCOLI

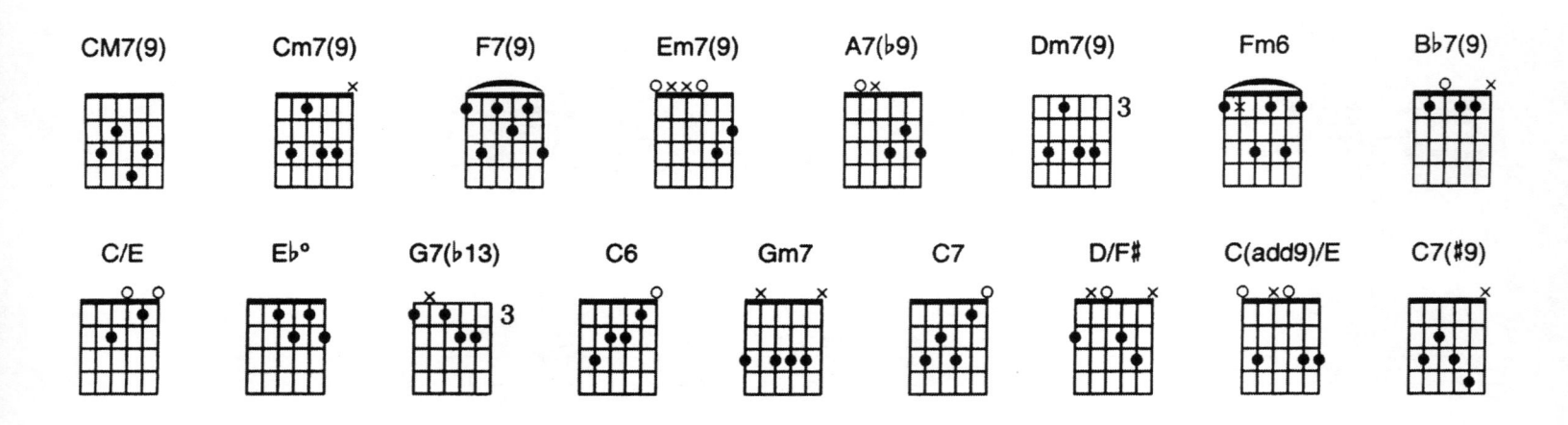

[Chord diagrams: CM7(9), Cm7(9), F7(9), Em7(9), A7(b9), Dm7(9), Fm6, Bb7(9), C/E, Eb°, G7(b13), C6, Gm7, C7, D/F#, C(add9)/E, C7(#9)]

   CM7(9)
Você, manhã de tudo meu

   Cm7(9)   *F7(9)*
Você, que cedo entar___deceu

   CM7(9)
Você, de quem a vida eu sou

   Em7(9)   *A7b9*
E sei, mais eu serei

   Dm7(9)
Você, um beijo bom de sal

   Fm6   *Bb7(9)*
Você, de cada tarde vã

   C/E   *Eb°*   *Dm7(9)* *G7(b13)*
Virá sorrindo de manhã

   CM7(9)   *Cm7(9)*
Você, um riso rin___do à luz

   F7(9)
Você, a paz de céus azuis

   CM7(9)   *C6*   *Gm7* *C7*
Você, sereno bem do amor em mim

   D/F#   *Fm6*
Você, tristeza que eu criei

   C(add9)/E   *Eb°*   *Dm7(9)*
Sonhei, você pra mim

   G7(b13)   *CM7(9)* *G7(b13)*
Vem mais pra mim, mas só

Você, manhã de tudo meu *(etc.)*

FINAL:

   G7(b13)   *CM7(9)* *C7(#9)*
Vem mais pra mim, mas só

♩ = 64

Letra entre parênteses: assobio opcional

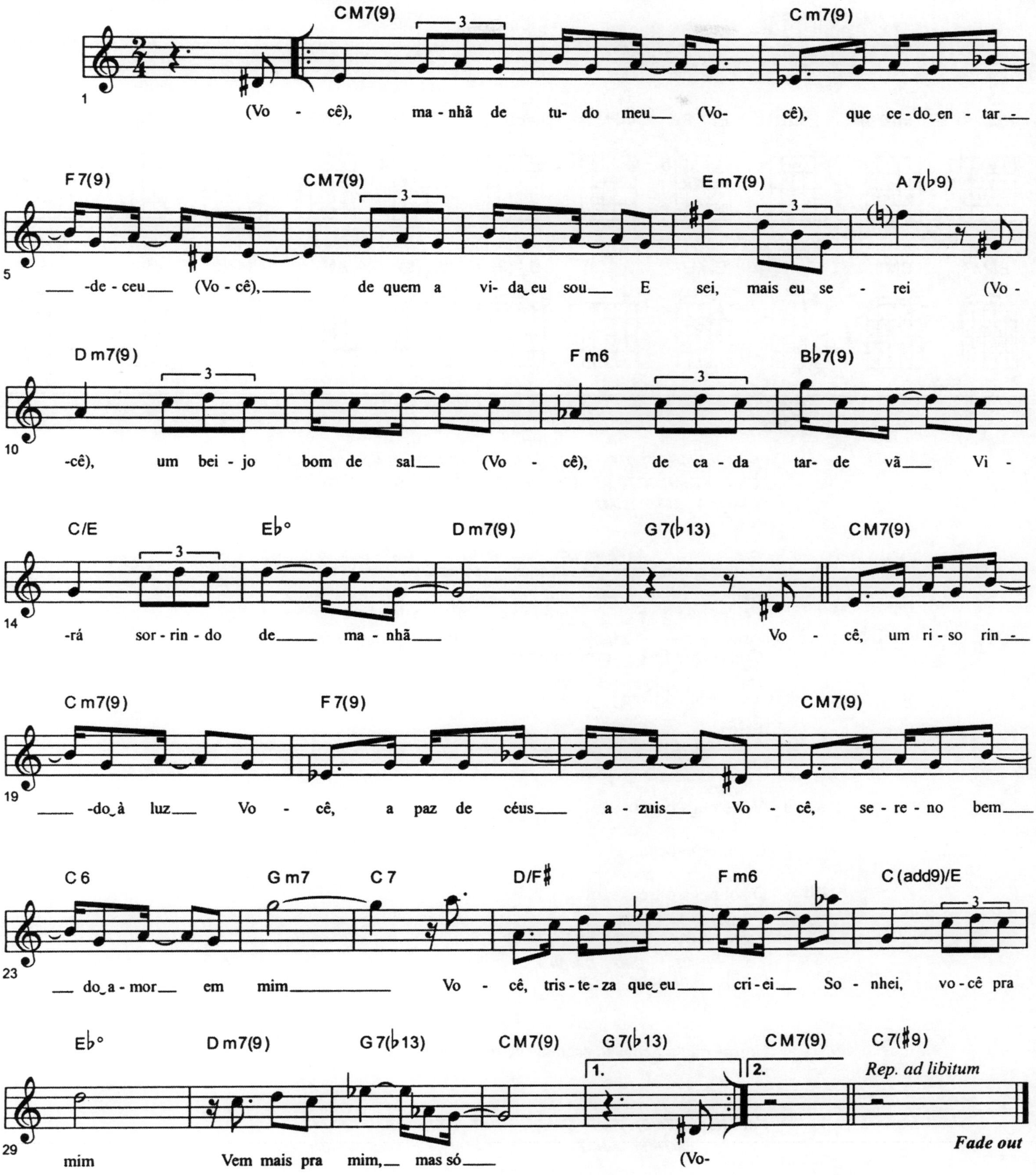

O trem azul

LÔ BORGES e
RONALDO BASTOS

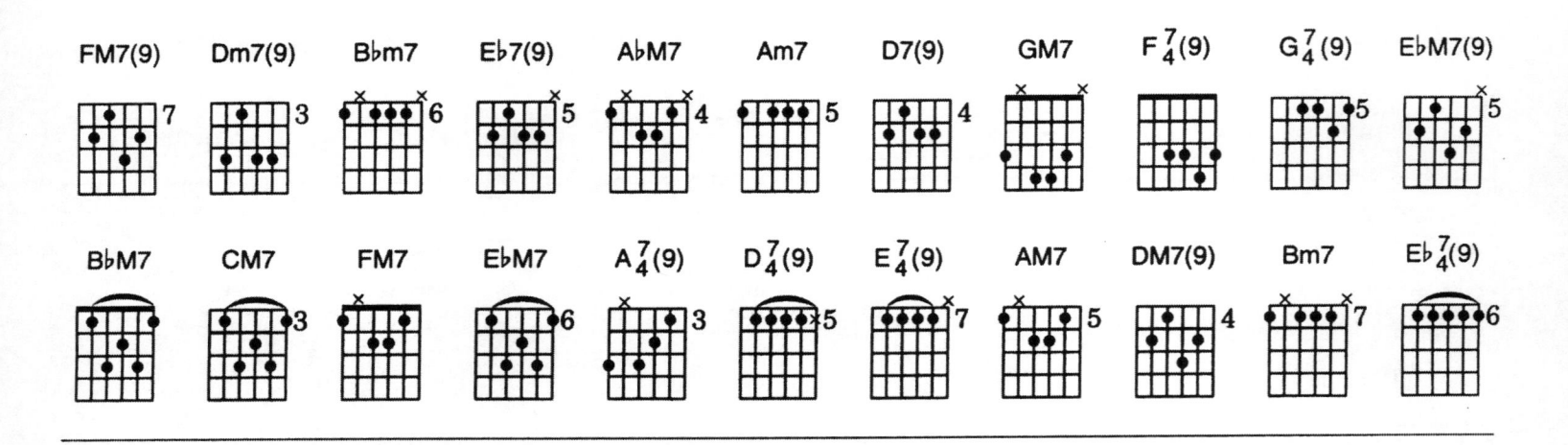

Introdução: **FM7(9) Dm7(9) Bbm7 Eb7(9) AbM7 Am7 D7(9)**
GM7 F74(9) G74(9) GM7 EbM7(9) BbM7 CM7 FM7 GM7
EbM7(9) BbM7 CM7 FM7

GM7   **EbM7(9)**   **BbM7**   **CM7 FM7**
Coisas que a gen___te se esque___ce de dizer
GM7   **EbM7(9)**   **BbM7**   **Am7 AbM7**
Frases que o ven___to vem às ve___zes me lembrar
GM7   **EbM7(9)**   **BbM7**   **CM7 FM7**
Coisas que fica___ram muito tem___po por dizer
GM7   **EbM7(9)**   **BbM7**   **A74(9)**
Na canção do ven___to não se cansam de voar

AbM7
Ah!

BIS
  GM7
  Você pega o trem azul
  CM7
  O sol na cabeça
  GM7
  O sol pega o trem azul
  CM7   **Am7**
  Você na cabe___ça
      EbM7 Cm7 D74(9)
  O sol   na cabe___ça

Coisas que a gente se esquece de dizer *(etc.)*

Vocalize: **E74(9) AM7 DM7(9) Bm7 E74(9) AM7 Bbm7**
Eb74(9) AbM7 Db74(9) Eb74(9) F74(9) G74(9)

Você pega o trem azul *(etc.)*

Coi - sas que a gen - te se es - que - ce de di - zer

Fra - ses que o ven - to vem às ve - zes me lem - brar

Coi - sas que fi - ca - ram mui - to tem - po por di - zer

Na can - ção do ven - to não se

Lyrics (under staves)

m. 27: ___ can - sam de vo - ar ___ Ah! ___ Vo-

m. 32: -cê pe - ga o trem a - zul O sol na ca - be ___ ça O

m. 36: sol pe - ga o trem a - zul Vo - cê na ca - be ___ ça O sol ___ na ca-

m. 41: -be ça ___ Vo- *Fim*

m. 50: **Vocalize**

m. 61: Vo-

Chords

m. 27–31: BbM7 | A7(9)4 | | AbM7 |

m. 32 (%2): GM7 | | CM7 | |

m. 36: GM7 | | CM7 | Am7 | EbM7

m. 41: Cm7 | D7(9)4 | D7(b9) [1.] :|| F7(9)4 G7(9)4 [2.] || *Ao %2 e Fim*

m. 46: D7(9)4 | | E7(9)4 | |

m. 50: AM7 | | DM7(9) | | Bm7 | E7(9)4

m. 56: AM7 | | Bbm7 | Eb7(9)4 | AbM7 |

m. 61: Db7(9)4 Eb7(9)4 | F7(9)4 G7(9)4 | *Ao %2 e Fim*

Tiro ao álvaro

ADONIRAN BARBOSA e
OSVALDO MOLLES

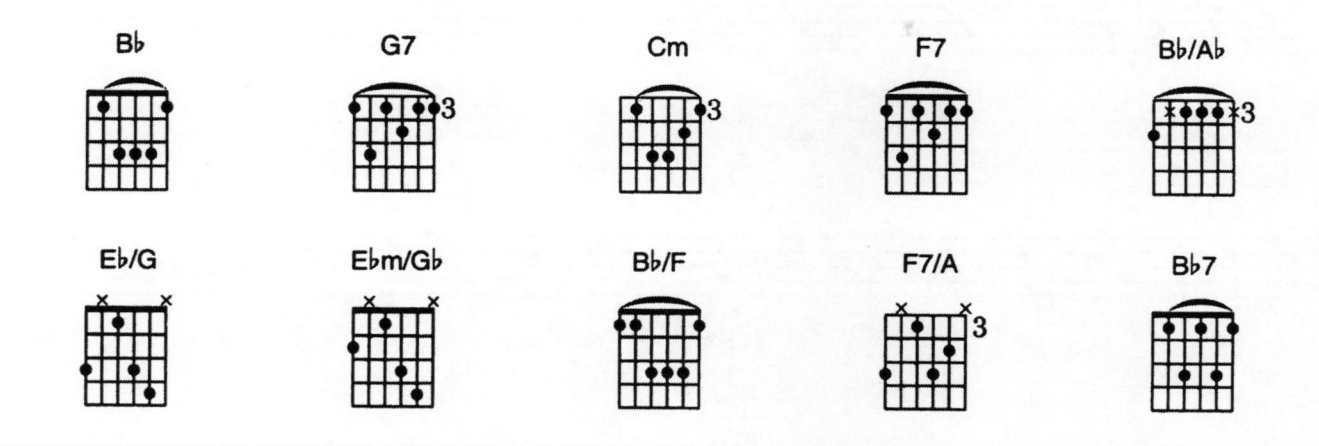

[Chord diagrams: Bb, G7, Cm, F7, Bb/Ab, Eb/G, Ebm/Gb, Bb/F, F7/A, Bb7]

Introdução: **Bb**

BIS
{
    Bb   **G7**
   De tanto levá
    Cm
   Frechada do teu olhá
    F7
   Meu pei__to até
    Bb   **Bb/Ab**
   Parece sabe o quê
    Eb/G
   Táu___bua
Ebm/Gb   **Bb/F**
   De tiro ao ál___varo
G7   **Cm F7** **Bb**
   Não tem mais onde furá
   (Só na 1ª vez:)
    F7
   Não tem mais
}

       Cm   **F7**   **Bb**
Teu olhar mata mais do qua bala de carabi__na
    G7   **Cm**
Que veneno estriquini__na
  F7   **Bb**
Que peixeira de baia__no
Bb/Ab   **Eb/G** **F7**   **Bb**   **G7**
Teu olhar mata mais que atropelamen__to de automó__ver
       Cm
Mata mais
 F7   **Bb**
Que bala de revór__ver

De tanto levar *(etc.)*

Vocalize: **Eb Ebm/Gb Bb G7 Cm F7/A**
         Bb Bb7 Eb Ebm/Gb Bb G7 Cm F7 Bb

Tiro ao álvaro

ADONIRAN BARBOSA e
OSVALDO MOLLES

♩ = 90

De tan - to le - vá Fre - cha - da do teu o - lhá Meu pei - to a - té Pa - re - ce sa - be o quê Táu - bua De ti - ro ao ál - va - ro Não tem mais on - de fu - rá Não tem mais De Teu o - lhar ma - ta mais do qua ba - la de ca - ra - bi - na Que ve - ne - no es - tri - qui - ni - na Que pei -

© Copyright 1960 by SERESTA EDIÇÕES MUSICAIS LTDA.
Todos os direitos autorais reservados para todos os países. *All rights reserved.*

F 7
B♭
B♭/A♭
E♭/G
28
-xei - ra de___ bai - a___ - ___ no___
Teu o - lhar___ ma - ta
F 7
B♭
G 7
32
mais que‿a - tro - pe - la - men___ - to de‿au___ - to - mó___ - ver Ma___ - ta mais___
C m
F 7
B♭
35
___ Que ba - la de re - vor___ - ver___
De
Ao 𝄋
e 𝄌
E♭
Vocalize
E♭m/G♭
B♭
39
G 7
C m
F 7/A
1.
42
B♭
B♭7
F 7
2.
45
B♭
48

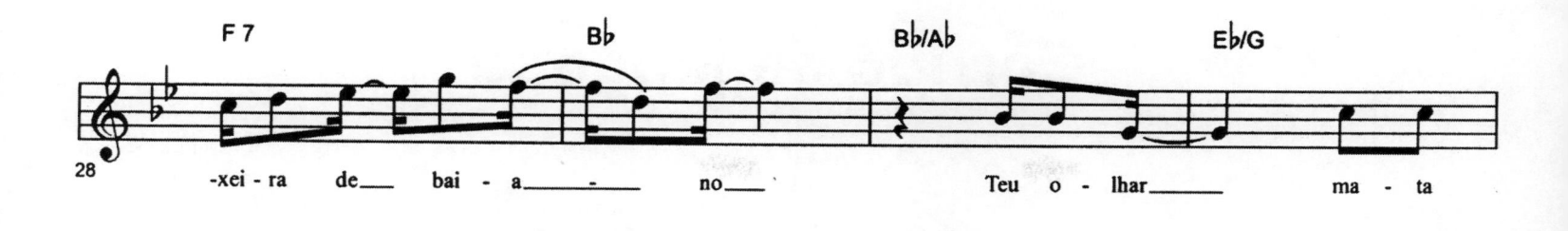

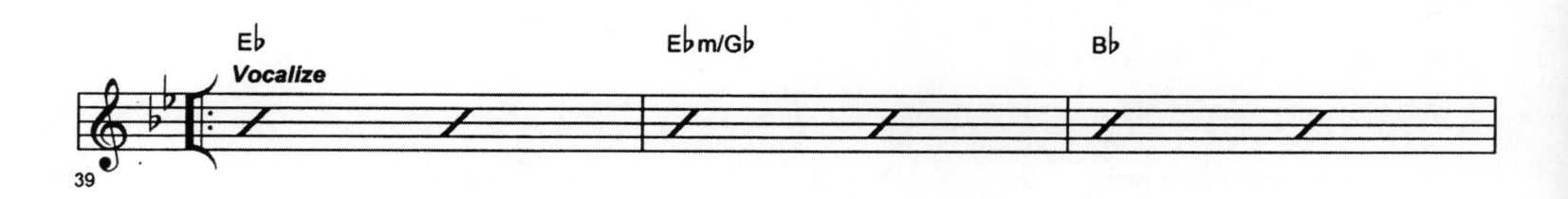

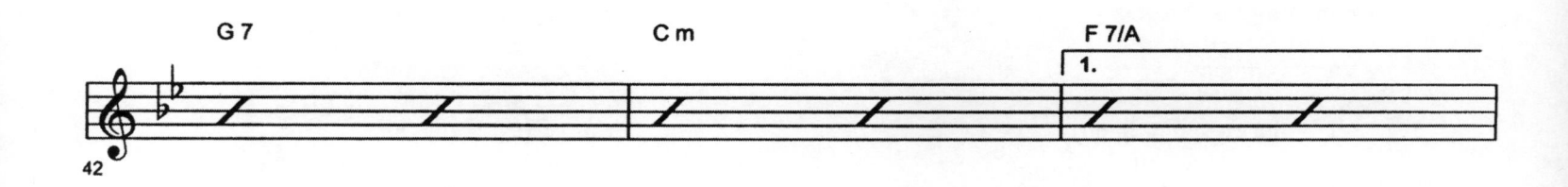

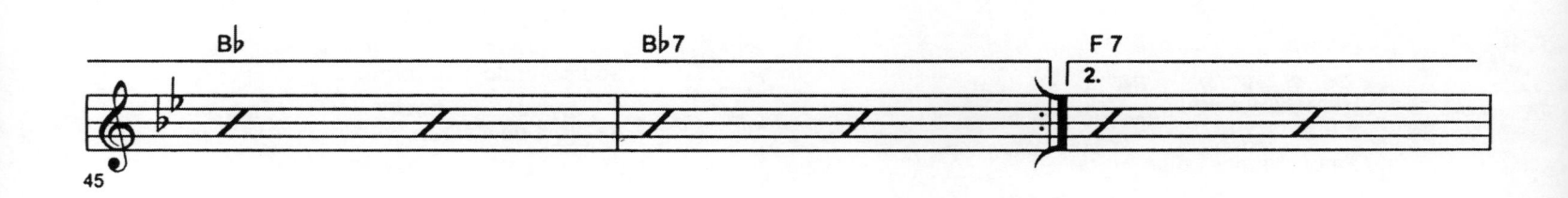

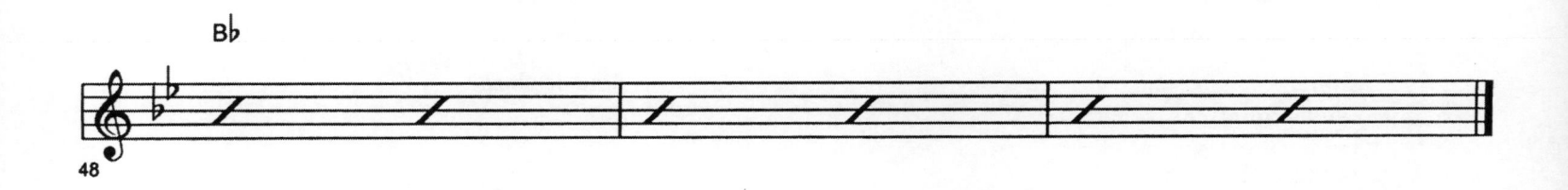

Corrida de jangada

EDU LOBO e
CAPINAN

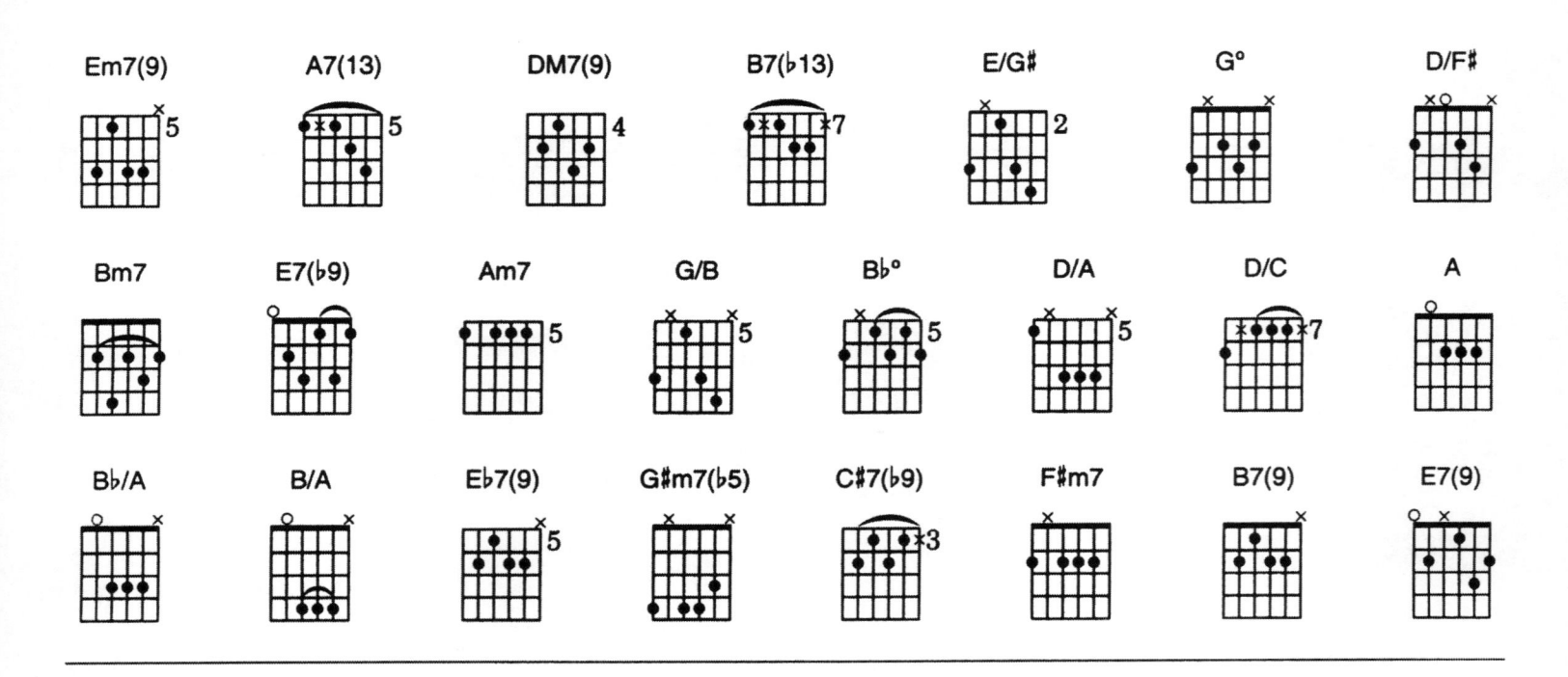

[Chord diagrams: Em7(9), A7(13), DM7(9), B7(b13), E/G#, G°, D/F#, Bm7, E7(b9), Am7, G/B, Bb°, D/A, D/C, A, Bb/A, B/A, Eb7(9), G#m7(b5), C#7(b9), F#m7, B7(9), E7(9)]

              Em7(9)
Meu mestre deu a parti____da
     A7(13)   *DM7(9)*
É hora vamos embo____ra
    B7(b13)   *Em7(9)*
Pros rumos do litoral
      A7(13)
Vamos embora
DM7(9) B7(b13)   *Em7(9)*
Na volta eu venho ligeiro
   A7(13)   *DM7(9)*
Vamos embo____ra
    B7(b13)   *Em7(9)*   *A7(13)*   *DM7(9)*
Eu venho primei___ro pra tomar teu coração

É hora
 Em7(9) A7(13)   *DM7(9)*
Hora vamos embo___ra
    B7(b13)   *Em7(9)*
É hora vamos embo___ra
     A7(13)   *DM7(9)*
É hora va____mos embo___ra
B7(b13)   *Em7(9)*
Vamos embora hora
  A7(13)   *DM7(9)*
Vamos embo___ra é hora
B7(b13)   *Em7(9)*
Vamos embo___ra é hora
  A7(13)   *DM7(9)*
Vamos embo___ra

     E/G# G°
Viração virando vai
D/F#   *Bm7*   *E7(b9)*   *Am7*
Olha o vento a embar___cação
        G/B   *Bb°*   *D/A*
Minha jangada não é navio, não
      D/C   *A*
Não é vapor, nem avião
      Bb/A   *B/A*
Mas carrega muito amor
    Am7   *Em7(9)* *Eb7(9)*
Dentro do seu coração
DM7(9)   *Em7(9)*
Sou meu mestre, meu proeiro
    A7(13)   *DM7(9)*
Sou segundo, sou primeiro
  B7(b13)   *Em7(9)*
Re___ta de chegar
    A7(13)   *DM7(9)*
Olha a reta de chegar
B7(b13)   *Em7(9) A7(13)*   *DM7(9)*
Mestre, proeiro, segundo, primeiro
  B7(b13)   *Em7(9)*
Re___ta de chegar,
   A7(13)   *DM7(9)*
Reta de chegar

                E/G#
Meu barco é procissão
        G°   *Bm7*
Minha terra é minha igreja
          G#m7(b5)   *C#7(b9)*   *F#m7*
Noiva é rosário no seu corpo vou rezar
        B7(9)   *E7(9)*   *A7(13)*   *DM7(9)*
Minha noiva é meu rosário no seu corpo eu vou rezar

Hora
Em7(9) A7(13)   DM7(9)
Hora   vamos embora
        Em7(9) A7(13)   DM7(9)
Vamos embora, vamos embora
        Em7(9) A7(13)   DM7(9)
Vamos embora, vamos embora
                Em7(9)
É hora vamos embora
A7(13)   DM7(9)
Vamos embora, nego

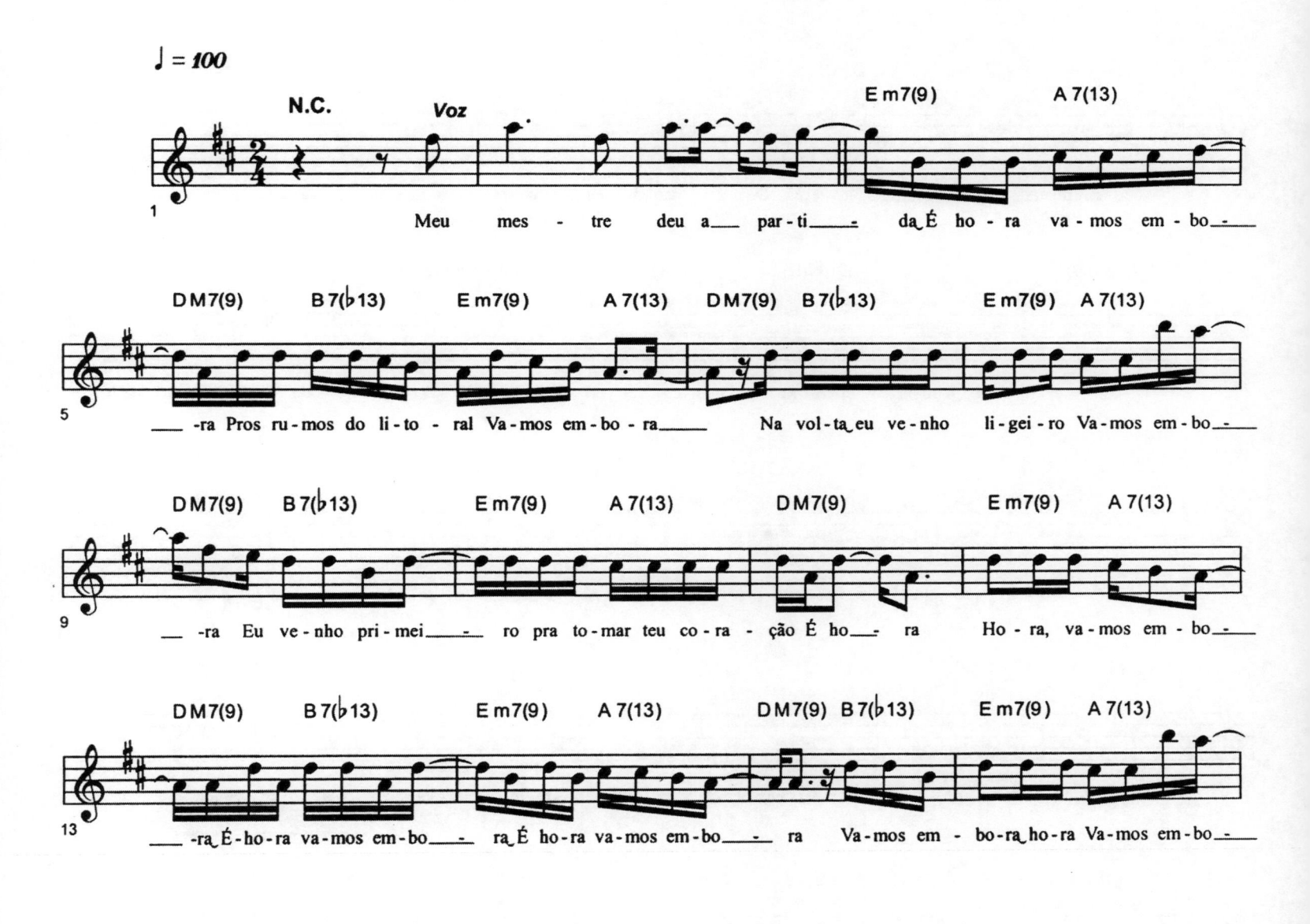

     Em7(9)   A7(13)   DM7(9)
Vamos embora, velho
  B7(b13)   *Em7(9)*
Va___mos embora, nego
            A7(13)   *DM7(9)*
Vamos em___bora, velho
  B7(b13)   *Em7(9)*
Va___mos embora ora
     A7(13)   *DM7(9)*
Va___mos embo___ra
      B7(b13)   *Em7(9)*
É hora vamos embo___ra
      A7(13)   *DM7(9)*
Hora vamos embo___ra

Viração, virando vai *(etc.)*

DM7(9) B7(♭13) Em7(9) A7(13) DM7(9)
17
-ra‿é ho - ra Va - mos em - bo - ra‿é ho - ra Va - mos em - bo - ra Vi - ra -
E/G♯ G° D/F♯ Bm7 E7(♭9) Am7
20
-ção vi - ran - do vai O - lha‿o ven - to‿a‿em - bar - ca - ção Mi - nha jan -
G/B B♭° D/A D/C A
24
-ga - da não‿é na - vi - o, não Não é va - por, nem a - vi - ão Mas car -
B♭/A B/A Am7 Em7(9) E♭7(9)
28
-re - ga mui - to‿a - mor Den - tro do seu co - ra - ção
DM7(9) Em7(9) A7(13) DM7(9) B7(♭13) Em7(9) A7(13)
33
Sou meu mes - tre, meu pro - ei - ro Sou se - gun - do, sou pri - mei - ro Re - ta de che - gar O - lha‿a re - ta de che -
DM7(9) B7(♭13) Em7(9) A7(13) DM7(9) B7(♭13) Em7(9) A7(13)
37
-gar Mes - tre, pro - ei - ro, se - gun - do, pri - mei - ro Re - ta de che - gar, Re - ta de che - gar
DM7(9) E/G♯ G° Bm7 G♯m7(♭5) C♯7(♭9)
41
Meu - bar - co‿é pro - cis - são Mi - nha ter - ra‿é mi - nha‿i - gre - ja Noi - va‿é ro - sá - rio no seu cor - po vou re -
F♯m7 B7(9) E7(9) A7(13) DM7(9) Em7(9) A7(13) DM7(9)
45
-zar Mi - nha noi - va‿é meu ro - sá - rio no seu cor - po‿eu vou re - zar Ho - ra Ho - ra va - mos em - bo -

simile
Em7(9) A7(13) DM7(9) simile
49
— -ra Va-mos em - bo - ra Va - mos em-bo - ra Va-mos em -
Em7(9) A7(13) DM7(9) simile Em7(9) A7(13) DM7(9)
52
-bo - ra Va - mos em-bo - ra É ho-ra va-mos em - bo - ra Va - mos em-bo-ra,
Em7(9) A7(13) DM7(9) B7(♭13) Em7(9) A7(13) DM7(9) B7(♭13)
55
ne-go Va-mos em-bo-ra, ve-lho Va - mos em-bo - ra, ne-go Va-mos em-bo-ra, ve-lho Va-mos em-
Em7(9) A7(13) DM7(9) B7(♭13) Em7(9) A7(13) DM7(9)
60
-bo-ra o-ra Va-mos em-bo - ra É ho-ra va-mos em-bo - ra Ho-ra va-mos em-bo - ra Vi-ra
Ao 𝄋 e 𝄌
64
Em7(9) A7(13) DM7(9) B7(♭13) Em7(9) A7(13)
Ho-ra, ve-lho Va-mos em-bo - ra ne - go Va - mos em-bo-ra, ve-lho, va-mos em -
DM7(9) B7(♭13) Em7(9) A7(13) DM7(9) B7(♭13)
68
-bo-ra Va-mos em-bo - ra, o-ra Va-mos em-bo - ra É ho-ra va-mos em-bo -
Em7(9) A7(13) DM7(9)
71
— -ra Ho-ra va-mos em-bo - ra

Arrastão

EDU LOBO e
VINÍCIUS DE MORAES

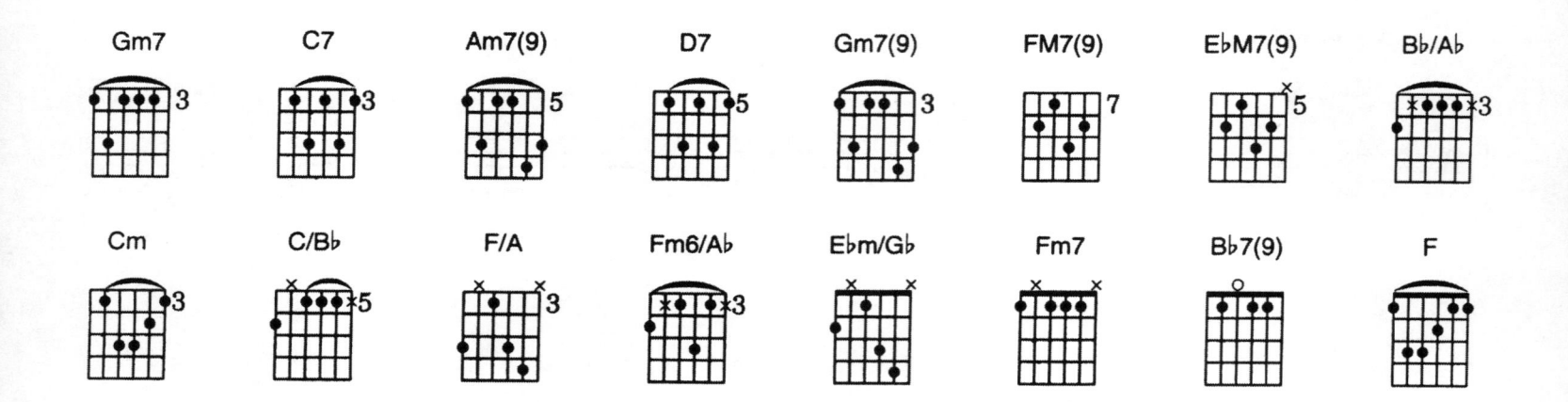

Gm7   C7   Am7(9)   D7   Gm7(9)   FM7(9)   EbM7(9)   Bb/Ab

Cm   C/Bb   F/A   Fm6/Ab   Ebm/Gb   Fm7   Bb7(9)   F

Introdução: **Gm7**

Gm7　　　　**C7**
É, tem jangada no mar
Gm7　　　　**C7**
É, hoje tem arrastão
Am7(9)　　　**D7**
É, todo mundo pescar
Gm7(9)　　　**C7**
Chega de sombra e João

　　FM7(9)
Já ouviu
EbM7(9)　　　　　　　　　**F7M(9)**
Olha o arrastão entrando no mar sem fim
EbM7(9)　　　　　　　　**F7M(9)**
É, meu irmão, me traz Iemanjá pra mim
EbM7(9)　　　　　　　　　**F7M(9)**
Olha o arrastão entrando no mar sem fim
EbM7(9)　　　　　　　　**F7M(9)**
É, meu irmão, me traz Iemanjá pra mim

Bb/Ab　　　　**Cm**
　Minha Santa Bárbara
C/Bb　　　**F/A**
　Me abençoai
Fm6/Ab　　　　　**Eb/G Ebm/Gb   Fm7 Bb7(9)**
　Quero me casar   com Janaí_____na

Gm7　　　　**C7**
É, puxa bem devagar
Gm7　　　　　**C7**
É, já vem vindo arrastão
Am7(9)　　**D7**
É, é a rainha do mar
Gm7(9)　　**C7**
Vem, vem na rede João

　　FM7(9)
Pra mim
EbM7(9)　　　　　　　　　**F7M(9)**
Valha-me Deus Nosso Senhor do Bonfim
EbM7(9)　　　　　　　　**F7M(9)**
Nunca jamais se viu tanto peixe assim
EbM7(9)　　　　　　　　　**F7M(9)**
Valha-me Deus Nosso Senhor do Bonfim
EbM7(9)　　　　　　　　**F**
Nunca jamais se viu tanto peixe assim

♩ = 150
G m7
G m7
C 7
G m7
Ê, tem jan - ga - da no mar
Ê, ho - je tem ar - ras -
Ê, pu - xa bem de - va - gar
Ê, já vem vin - do‿ar - ras -
C 7
A m7(9)
D 7
-tão
Ê to - do mun - do pes - car
-tão
Ê, é‿a ra - i - nha do mar
G m7(9)
C 7
Che - ga de som - bra‿e Jo - ão
Já‿ou -
Vem, vem na re - de Jo - ão
Pra
Na 2ª vez, desdobrado (2/2)
F M7(9)
E♭M7(9)
F M7(9)
-viu
O - lha‿o‿ar - ras - tão en - tran - do no mar sem fim
mim
Va - lha - me Deus Nos - so Se - nhor do Bon - fim

27 Ê, meu ir - mão, me traz Ie - man - já pra mim
Nun - ca ja - mais se viu tan - to pei - xe as - sim

31 O - lha o ar - ras - tão en - tran - do no mar sem fim
Va - lha - me Deus Nos - so Se - nhor do Bon - fim

35 Ê, meu ir - mão, me traz Ie - man - já pra mim *rall.*

♩ = 100 *ad libitum*

38 Minha Santa Bár - ba - ra Me a - ben - ço -

41 -ai Que - ro me ca - sar com Ja - na - í - na Ao %
e ⊕

46 Nun - ca ja - mais se viu tan - to pei - xe as - sim
rall.